पीले कागज़, सूखी स्याही

निखिल कपूर

सन्मति

Title: Peele Kagaz Sookhi Syahi
ISBN: 9789388365994
Author : Nikhil Kapoor

प्रकाशक
सन्मति पब्लिशर्स
बी-347, संजय विहार,
मेरठ रोड, हापुड़-245101 (उ0प्र0)
Website: www.sanmatiindia.com
Email: sanmati555@gmail.com
प्रथम संस्करण : फरवरी 2023
मूल्य : ₹ 175 /-

Print & Published by:
Tingle Books, Hapur

बसंती कागज़ पर दर्द भरा प्रेम है ये कविताएँ

"पीले कागज़, सूखी स्याही" इस शीर्षक को पढ़ कर ऐसा लगा मानो जीवन का बसंत उदासी से लिखा गया है, और जब पन्ने पलटे तो ऐसा ही हुआ सबसे पहले अमृता और इमरोज़ नज़र आए। दो ऐसे लोगों का जिक्र जिन्होंने प्रेम को जीया। निखिल लिखते हैं कि, "काश हर लड़की के जीवन में एक इमरोज़ हो, एक ऐसा साथ जो निस्वार्थ उसके साथ रहकर भी उसे अकेला रहने दे। वो साथ जो शब्दों को रंगों में घोल कर जीवन इंद्रधनुष बना दे।"

इन कविताओं को पढ़ते हुए ऐसा लगता है जैसे जीवन के अलग अलग मौसम मिल रहे हैं। कहीं निःशब्द प्रेम अपनी बात कहता है तो कहीं ठुकराया हुआ प्रेम शीशे सा चुभता है। निखिल की कविताओं की ख़ास बात ये है कि वो दोनों तरफ के अहसास लिखते हैं। दोतरफ़ा अहसास लिखने की एक अद्भुत कला है। इन कविताओं में प्रेम का दर्द है, इंतज़ार है, साथ का अहसास है, जुदाई की तड़प है, मिलने का सुख है, ना मिलने की बैचनी है, नजदीकियों के किस्से है और उस हर लम्हें की दास्तां है जो एक प्रेम में पड़ा इंसान जीता है।

निखिल की कल्पनाशीलता उनकी हर कविता में नज़र आती है। जब शब्द ख़्वाब बुनते है, ज़िन्दगी चहलकदमी करती है, ख़त खुद को लिखते है, प्रेम कर निवाला बन हलक से उतरता है और प्रेम जीवन के बसंत से बैराग में बदल जाता है, तब सूखी स्याही से पीले कागज़ पर कविताएँ लिखी जाती है।

जीवन का हर पन्ना सदैव सृष्टि के इस दिव्य रंग से चमकता रहे जो ठाकुर के पीताम्बर का रंग है। जीवन में ये रंग सदैव बसंत को परिभाषित करता रहे। ऐसी शुभकामना।

- अंशु हर्ष
लेखक, जयपुर

एक किताब में कुछ शब्द कुछ पंक्तियाँ नहीं होतीं अपितु एक लेखक की कड़ी तपस्या और सालों की मेहनत होती है। निखिल कपूर जी की हर एक कविता इस बात का प्रतीक है कि जो व्यक्ति बाहर से जितना अधिक ध्वनित होता है उसके अंदर का मौन उतना ही मुखरित होता है।

मन की धनक के अनगिनत रंग! कहीं अमृता प्रीतम की प्रति उनका प्रेम, तो कहीं अपने ईमरोज के इंतजार में एक अमृता। कहीं उनका सूफियाना अंदाज, कविता संग्रह की हर एक कविता की एक अलग पहचान, अपना सौंदर्य, अपनी शक्ति अपना तेवर है। शब्दों में एक शोख अंदाज़ और भाषा मे ऐसी रवानगी कि कविता पढ़ते जाने का मोह रुकता ही नहीं है। आप इसी तरह आगे बढ़ते रहें और जिंदगी के नए नए मुकाम हासिल करते रहें और सभी का मार्गदर्शन करते रहें आपको बहुत बहुत शुभकामनाएँ।

-Rhea Manoj
(Bibliophile, Voice over artist, Spotify Podcast-Rhearecommends)

सच कहूँ तो मैं आमतौर पर हिंदी किताबें पढ़ती नहीं हूँ। पर जब मैंने आपकी कविताएँ पढ़ीं तो आपके लेखन ने मेरा ध्यान खींचा। मुझे हर एक कविता पढ़कर एक अनूठा अनुभव हुआ। हर विचार बहुत गहराई से प्रस्तुत किए गए हैं। ऐसा लगता है मानो आपके पास कोई जादुई पेन है।

- Amrita Chauhan
An Educationalist, A Storyteller and a book lover

निखिल जी से मेरा नाता एक कवि के नाते अब कुछ साल पुराना हो चुका है। उनकी लेखनी को पढ़ कर हमेशा ऐसा लगता है, जैसे उनके दिल से निकली कोई बात सीधे आपके दिल में उतर आयी हो और ऐसे में उनकी मनोअवस्था में आप पूरी तरह से शामिल हो जाते हैं।

जैसे एक कविता "कुछ ख़त फाड़ देते हैं" को जब हम पढ़ते हैं तो ऐसे लगता है कि ऐसा ही कुछ हमारे साथ भी हुआ है, कुछ खत जो हमने लिखे और कुछ जो हमें लिखे गए; जिनपर अब वक़्त की गर्त सी चढ़ गयी और अब यही मुनासिब है कि हम उन्हें फाड़ दें और कुछ खुद आज़ाद हो जाएँ और कुछ दूसरे को आज़ाद होने का इशारा करें। इसे पढ़ कर कवि की मनोदशा को समझना आसान है और कहीं इसे अपने जीवन से साझा करना भी आसान है।

कुछ यही अंदाज़ है हमारे निखिल जी का, जो उन्हें मेरी नज़र में काफी कवियों से अलग पंक्ति में बैठाता है।

- अभिषेक मिश्रा

अभिषेक मिश्रा एक चार्टर्ड अकाउंटेंट हैं और प्रतिष्ठित बिल्डर ग्रुप त्रिमूर्ति बिल्डर्स में निदेशक है। अपने काम के अलावा उनकी साहित्य में भी काफी रूचि है। उनकी अपनी कविता संग्रह "जीवन रागिनी" वर्ष २०२१ में प्रकाशित हुई थी जिसे काफी सराहना मिली। अब वो अपनी नयी किताब पर काम कर रहे हैं।

अनुक्रमणिका

अमृता

ये कुछ पंक्तियाँ सिर्फ़ और सिर्फ़ अमृता प्रीतम जी के लिए, जिनकी लेखनी ने मुझे समझाया रिश्ते समाज से नहीं दिलों से बनते हैं, जिन रिश्तों के पाँव में बेड़ियाँ हों वो रिश्ते नहीं महज़ नाम होते हैं।

"जब जब कैनवास पे
खींचता हूँ कुछ लकीरें,
जाने कहाँ से तुम आ ही जाती हो,
कितने भी गाढ़े हो मेरे रंग
अमृता
तुम एक बूँद बनकर छलक ही जाती हो।

सदियों से,
इतिहास बन बन के,
जाने कितने समर्पण रंगे हैं मैंने,
फिर भी
मेरी हर एक उम्र के हर एक पड़ाव की दहलीज पर
अमृता
तुम आ कर कुछ देर ठहर ही जाती हो।

बहुत कोशिश करता हूँ
दिन और रात के बीच की शाम में रंग भरने की,
दिन और रात भटकती देह से
निकल एक नज़्म बन
अमृता
तुम मेरे कैनवास का
हस्ताक्षर हो ही जाती हो।

जब जब तुम्हारी देह पर
मेरे ब्रश के स्ट्रोक्स लगते हैं,
बगैर स्याही की एक नज़्म बन
अमृता
तुम मुझे वापस खोज ही लाती हो।

अमृता
कोई माने न माने
आज भी तुम एक पल को
इमरोज़ हो ही जाती हो।

इमरोज

इश्क़ में पाना ही सब कुछ नहीं होता, इश्क़ तो खुद को खो देने का नाम हैं
काश की हर लड़की की क़िस्मत में एक इमरोज ज़रूर हो

इमरोज़
सुनो कोई है
जो अपने जीवन में,
तुम्हारे कुछ कैनवास,
कुछ रंग,
कुछ बहके हुए स्ट्रोक
चाहती है।
कहीं एक देह,
अमृता होना चाहती है।

इमरोज़
फिर कहीं एक नज़्म है
जो देह बनकर,
फिर एक बार तुम्हारे कैनवास पर,
रंग होना चाहती है।
कहीं एक देह,
अमृता होना चाहती है।

इमरोज़
बहुत हुए किस्से संग जीने, संग मरने के,
खाली जूठे गिलासों में,
सिगरेट के बुझे हुए बटों में,
बगैर देह कोई अमृता
आज फिर प्रेम होना चाहती है।
कहीं एक देह,
अमृता होना चाहती है।

इमरोज
प्रेम से परे,
रंगों से भरे कैनवास पर,
अपने हर रिश्ते को अंत तक फूँक
एक खाली जगह
एक खाली एहसास
एक धुआं होना चाहती है।
कहीं एक देह,
अमृता होना चाहती है।

इमरोज़
अपनी टूटती हुई साँसों से
अपनी सूखी हुई आँखों के कैनवास पर
तुम आज भी
ये जो अमृता की तस्वीर बना रहे हो,
इस रंग का बस एक छींटा मांग,
किसी नज़्म की शरीके हयात होना चाहती है।
कहीं एक देह,
अमृता होना चाहती है।

इमरोज़
आज भी कहीं एक अमृता
सब कुछ भूल कर
सिर्फ और सिर्फ
इमरोज़ होना चाहती है।

क्या जो टूट जाते हैं उन रिश्तों के भी नाम होते हैं

"अभी अभी लफ़्ज़ों ने कुछ वक्त फूंका है,
अभी अभी एक नज़्म लिखी गई है कहीं।

अभी अभी कुछ मामलात दिल की अदालत से निकल,
एक स्टाम्प पेपर की बेंच पर जा बैठे हैं कहीं।
अभी अभी लफ़्ज़ों ने कुछ वक्त फूंका है...

अभी अभी किसी ने उछाले हैं कुछ जुमले,
अधूरे रिश्तों का उधड़ा हुआ फसाना बना है कहीं।
अभी अभी तहज़ीब बेआबरू होकर,
किसी कटघरे में तमाशा बनी है कहीं।
अभी अभी लफ़्ज़ों ने कुछ वक्त फूंका है...

अभी अभी कुछ बंटा है, कुछ सहेज लिया गया,
लावारिस सा वक़्त सिसक रहा है यहीं कहीं।
अभी अभी एक नज़्म ने रुलाया है किसी को,
किसी रिश्ते ने एक आयत पढ़ी है कहीं।
अभी अभी लफ़्ज़ों ने कुछ वक्त फूंका है...

अभी अभी फिजूल सा एक वाकया क्या गुजरा,
खरीदारों की बेइंतिहा भीड़ लगी है कहीं।
अभी अभी शाम के बेरौनक कोठे पर एक मासूम तवायफ ने,
वक़्त की दराज़ से एक नज़्म निकाल कर पढ़ी है कहीं।

अभी अभी लफ़्ज़ों ने कुछ वक्त फूंका है,
अभी अभी एक नज़्म लिखी गई है कहीं।

नि:शब्द

“मुझे निःशब्द बहने दो,
शब्दों से पहले सीखी थी प्रेम की जो अनुभूति,
उसमें ही लीन रहने दो।
मुझे निःशब्द बहने दो।

बन के नाव मत मुझपर अपनी जय की उद्घोषणा करो,
देह से परे डूब के मुझमें,
हर शब्द से परे,
खुद को मुझमें विलीन होने दो।
मुझे निःशब्द बहने दो।

बंधन शब्दों के बांध देते हैं
हर संबंध को,
बंधनों से परे का रिश्ता बस
एक बार जीने दो।
मुझे निःशब्द बहने दो।

न मुझमें तुम हो,
न तुम में मैं हूँ,
एक बार बस खुल के संग जीने दो।
मुझे निःशब्द बहने दो।

भूत, वर्तमान और भविष्य से परे
जो शून्य है हमारा,
तोड़ के सब वर्जनाएँ, मर्यादाओं के तज सब श्रृंगार,

मुझे बस अपने साथ वो शून्य होने दो।
मुझे निःशब्द बहने दो।

माना कि कठिन है,
मगर कठिन बनाया किसने है,
प्रेम को परिभाषों से परे
बस अब सीख लेने दो।
मुझे निःशब्द बहने दो।

आवाज़ दे कर अब न तुझे सताऊँगा

"आवाज़ दे कर अब न तुझे सताऊँगा,
रूह बन के तेरे दरवाज़े पे अब दस्तक देने आऊँगा।

दौड़ के आने में पांव की बिछिया में जो फँस जाए दामन तेरा,
ठहरना लम्हे को, हवा बन के इनको भी अलग कर जाऊँगा।

माना आज भी उगता है, खिड़की के बाहर दूर जंगल में चांद कहीं,
पगडंडी सी तन्हा मांग को मगर सुर्ख करने अब न आऊँगा।

आवाज़ दे घर में कोई याद अगर मुझे याद करे,
मेरे कलम को थामना स्याही बन के कुछ गुफ्तगू कर जाऊँगा।

बदन से कहना एक दिन उसकी भी उम्र बीत जाएगी,
मौसमों की तरह मैं तो तुमसे हर बार मिलने आऊँगा।

बात इतनी सी है इसको भूल कर भी जुदाई मत कहना,
ज़िंदगी के इन सफरों में कभी कभी बस दो कदम आगे निकल जाऊँगा।"

चाँद की तश्तरी

"चाँद की तश्तरी में,
रात ने कुछ गम परोसे थे,
नींदों ने भी आहिस्ता आहिस्ता
निवाले तोड़े थे।

कुछ सपने बारिशों से गीले हुए
कुछ ख़्वाब पलकों ने रौंधे थे,
तन्हा वो जो खुद से किया करता था अक्सर बातें,
उसके सन्नाटे किन वादों ने तोड़े थे।
चाँद की तश्तरी में, रात ने कुछ गम परोसे थे...

वक़्त भी शायद विलायत से तालीम
ले के आया था।
इंतज़ार के लम्हे उसने
उम्र में कहीं भी नहीं जोड़े थे।
चाँद की तश्तरी में, रात ने कुछ गम परोसे थे...

वो जो एक दाग लगा था
किसी पारो के माथे पे कहीं,
किसी कलम ने अब कहाँ
उससे कोई एहसास जोड़े थे।
चाँद की तश्तरी में, रात ने कुछ गम परोसे थे...

वो जो गुजर गए
वो अपनी मौत मरे थे,
आशिकी ने कब कहाँ आज के माहौल में
किसी के पांव रोके थे।
"चाँद की तश्तरी में, रात ने कुछ गम परोसे थे।

वक्त

"कितनी बार,
तुम्हारे कलम की निबों से टपक,
फैल कर रुका हूँ,
मैं,
कागज़ पर।
कितनी बार,
साड़ी या दुपट्टे के आंचल की,
गांठ में,
मैं,
बँधा गया हूँ।
कितनी बार,
पानी की बूँद बन कर,
मैं,
सूखा हूँ मैं किसी,
पुराने ख़त पर।
कितनी बार,
लफ़्ज़ों की जंग में
मैं,
टूट कर किसी आंगन से,
बुहारा गया हूँ।
कितनी बार,
जिस्म की खरोंचों में,
मैं,
भीतर कहीं बोया गया हूँ।
कितनी बार,
किसी के दरवाज़े की दस्तक से,
पहले के असमंजस में,
लौटा हूँ,
मैं,
वापस चौखट को लाँघ कर।

कितनी बार,
पनपने से पहले,
मरा हूँ,
मैं,
तुम्हारे अहम के खंजर से।
कितनी बार,
बांध कर पाला गया हूँ,
मैं,
दोस्ती के नाम से।
कितनी बार पलटा हूँ
मैं
आखरी साँस के गंगा जल की तरह।
और
तुम कहते हो,
मैं,
वक़्त रुकता नहीं हूँ
किसी के लिए।
अरे,
गुजरते तो तुम हो,
मैं,
तो बंधा रहता हूँ
किसी ताबीज सा,
अपने भीतर बहुत कुछ,
समेटे हुए।
एक बार,
सिर्फ और सिर्फ,
एक बार,
तुम ठहर कर देखो
और गुजर जाने दो,
मुझे।
वक़्त को।"

इंतज़ार

अभी अभी
जिस्म की एक गाँठ टूटी है
अभी अभी चाँद ने
एक पाक घूँट अहसास पीया है।
अभी अभी बुझे हुए चूल्हे से
एक लम्हा चिंगारी छिटकी है
दूर किसी पोटली में लिपटी
याद की एक रोटी पे
फिर आज
एक काली चित्ति दाग़ लगा है।
ए ख़ानाबदोश हवा
तुम अगर कभी उसके जिस्म से लिपटना
तो देखना
उसकी पीठ पर आज भी
मेरे इंतज़ार का हाथ छपा है।

तुम्हारा वो ख़त

"अभी अभी,
जो कतर के फेंके हैं,
उन कागजों में शायद तुम्हारा
वो ख़त भी था।
वो ख़त जो मैंने कभी खुली पलकों
से छुआ ही नहीं।
हर रात जिसकी इबारत
मेरे जिस्म से लिपट के सोई थी।
वो ख़त,
जिसे हर बार एक नए अंदाज से पढ़ा मैंने।
वो ख़त
जो स्याही से तुमने कभी लिखा ही नहीं।
सोचता था,
बहुत कुछ लिखना चाहते थे तुम,
इस लिए अल्फ़ाज़ों की जगह
खाली ही छोड़ दी।
वो बहुत कुछ
जो मैं पढ़ना चाहता था,
खाली पन्ने की वो जगह मैंने हर बार
एक नए इश्तेहार सी पढ़ ली।
सालों का ये सिलसिला
पिछले कुछ महीनों से टूट सा गया है,
और तुम्हारा ख़त जाने कैसे
मेरी दराज़ से निकल
रद्दी अखबारों की कतरनों में गुम गया है।

कैसे अलग करूँ
इन छोटे छोटे टुकड़ों में से उन्हें,
लफ़्ज़ों का जामा तो शायद तुम्हारे
साथ ही छूट गया है।
बहुत रातों से मैं शायद सोया नहीं हूँ,
नहीं पढ़ा है
ख़त को तुम्हारे कई रातों से मैंने
और
इसीलिए तुम्हारा ख़त भी मैंने
रद्दी अखबारों के साथ
कतर के फेंक दिया।
लोग कह रहे हैं
मेरी उम्र का वक़्त आ गया है,
इससे पहले ये कुछ गोलियाँ हैं
जिन्हें बस एक साथ निगलना है,
और फिर नींद, नींद, नींद में
तुम्हारा ख़त हर बार एक नए अंदाज़ में पढ़ना है।
"फिर मिलेंगे अगर ख़त पूरा पढ़ पाया तो।"

ख़ाली हाथों से

टूटे रिश्तों को अब रुखसती दी जाए,
खाली हाथों से ये ज़िंदगी आज फिर जी जाए।

सूखे संभले हैं जाने कब से कुछ लम्हे,
हथेली पे मसल कर इन्हें अब आखरी चिलम फूँक ली जाए।

यादों की टोकरी में उम्मीदों के फूल हैं सड़ने लगे,
चलो यादों से आज उम्मीदें दूर की जाए।

साथ देता नहीं कोई सदा के लिए
उनकी मज़ार पर अब ये तहरीर खुदवा दी जाए।

बातों बातों में फिर आज एक बात निकली है,
बातों की ये गड्डी अब किसी दरिया के हवाले की जाए।

वो जो जिस्म बन के हमेशा मिला करते थे,
उनके जिस्मों से आईने की उम्मीद अब बंद की जाए।

वो जो लिखते आये है सदियों से दोस्ती-आशिकी के किस्से
उनके हाथों की कलम आज तोड़ दी जाए।

टूटे रिश्तों को अब रुखसती दी जाए,
खाली हाथों से ये ज़िंदगी आज फिर जी जाए।

आईने के पीछे

हर आईने के पीछे कोई रहता है,
जब मिलाते हो तुम खुद से आईने में नज़रें,
शर्मसार वो नज़रें झुका लेता है।
हर आईने के पीछे कोई रहता है...

अब आईना वही दिखाता है
जो ये आँखें देखना चाहती हैं,
महज़ परतें दिखती हैं अब आईने में,
सूरतें तो ये "कोई" भांप लेता है।
हर आईने के पीछे कोई रहता है...

सामने आईने के सवाल भी तुम्हारा
जवाब भी तुम्हारा होता है,
आईने के पीछे कोई लपेट के पुड़िया में
इम्तेहान का नतीजा फेंक देता है।
हर आईने के पीछे कोई रहता है...

सच है अब
इंसान का ज़मीर अब आईने के पीछे
छुप के रहता है।

वक्त और घड़ियाँ

जाने कब वक़्त उठा और चल दिया,
कुछ और घड़ियाँ म्यूज़ियम की दीवारों पर सज गईं।
दो तारीखों के बीच कहा किसी ने
एक उम्र ठहरी है,
वक़्त ने मुस्करा कर तारीखों को छला
और एक शून्य की कहानी बन गई।
किसी का वक़्त आया और किसी का गुजर गया,
लिखा इंसान ने और इतिहास की नींव पड़ गई।
वक़्त के परे
एक बार खोजना है खुद को मुझे
इन दो तारीखों की जो कोख है
इनसे जन्मी ज़िंदगी
वक़्त की उंगली पकड़ कहाँ गई।

सुनो, आवाज़ें दूरतक जाती हैं

सुनो,
आवाज़ें दूर तक जाती हैं,
इन्हें पुकारा न करो,
ये अक्सर मंजिलों से भटक जाती हैं।
जो कह दिया जो समझ लिया
उतना ही काफी है,
समझने समझाने की कोशिश में
अक्सर बातें बिगड़ जाती।
तुमने अपना कहा कहा
उसने अपना सोचा सुना,
सवालों जवाबों में बस,
डिग्रियाँ ही पास रह जाती हैं।

सुनो,
आवाज़ें दूर तक जाती हैं,
वो जो लफ़्ज़ों में उतरी
वो महज़ बात थी,
औऱ बातें तो रिकॉर्ड की सुइयों
पे भी कही और सुनी जाती हैं।

सुनो,
आवाज़ें दूर तक जाती हैं
कहने सुनने में महज़ हार जीत है प्यारे
हरा के किसी को
भला ज़िंदगी जी जाती है।

सुनो, आवाज़ें दूर तक जाती हैं।

क़िस्सा ए लैला मजनूं

कहते हैं सदियों पहले,
वक़्त की छाती में दूध उतर आया,
और कुछ बूँदें छलक के,
एक बाँझ कोख पे जा गिरीं।
सुना है
उस दिन से आदम के जने ने
दूध का रिश्ता भूख,
और
छातियों का जिस्म से जोड़ दिया।
उसी दिन से कबीले वाले कहते हैं,
किसी ने उनके खाने की देगची में
एक बूँद हवस डाली,
और आदम का छौंक दिया।
कहते हैं,
उस देगची से दिल उछाला
और दूर किसी,
वक़्त के फैले हुए लम्हे पे जा गिरा,
सहम के उस लम्हे ने
अपनी हथेली में उसे छिपा लिया।
सुना है
उस दिन से देगची में
सिर्फ और सिर्फ
हवस पकती है,
और दूर कहीं बूढ़ी शहजादी,
वक़्त बिताने को
किस्सा ए लैला मजनूं पढ़ती है।

तब

“मेरे आंगन की दीवाल पर
सपने नहीं चढ़ते हैं
अब,
ईंटों की दरारों में भरी
काई फिसलती है
अब,
इन आँखों के पेड़ों की पलकों पर
कोई बूँद नहीं ठहरती
अब,
पुतलियों के रेगिस्तान
खुश्क बहुत हैं
अब,
यादों की कुछ चादरें
पिछले बारिश में जो धो के फैलायी थी,
अब
तप के ताप में तब से,
अपने ही दागों को पी गई हैं
अब,
सुनो,
देखो,
एक खिलखिलाहट सिसकती फिरती है
अब
जिसे तुम अपनी
चुड़ैल की हँसी कहते थे
तब।

वक़्त है जनाब

वक़्त है जनाब, गुजरता है गुजर जाएगा,
मत सुलझाना इसे,
वक़्त है और उलझ जाएगा।
माना की बहुत किस्से लिखे हैं जनाब,
जरा बताना आपकी कहानी का
कल कौन सा पन्ना लिखा जाएगा।
वक़्त है जनाब गुजरता है गुजर जाएगा।

ये जो छाती ठोंक के
मिसालें देते हो अपनी दोस्ती की जनाब
देखना ये धागा भी कभी न कभी टूट जाएगा।
वक़्त है जनाब, गुजरता है गुजर जाएगा।

सांस का क्या है
आती है जाती है जनाब
इसके उल्टे चलते ही
माहौल बदल जायेगा।
वक़्त है जनाब, गुजरता है गुजर जाएगा।

बहुत चौड़े हो कर गिनाते हो
अपनी तस्वीर पे चढ़े हार,
वसीयत खुल जाए तो फिर एक बार
छाती ठोंक के इन्हें गिना जाएगा।
वक़्त का क्या है, गुजरता है गुजर जाएगा।

कुछ भी नहीं हासिल,
ये जो मुट्ठी बांध के बैठे हो जनाब
खुली हथेली पे कम से कम
एक लम्हा तो सुस्तायेगा।
वक़्त का क्या है, गुजरता है गुजर जाएगा।

माना की अंदाज़ बहुत हैं यहाँ
ज़िंदगी गुजारने के जनाब,
किसी और के लिए जीना
शायद हमें कभी नहीं आएगा।

वक़्त का क्या है, गुजरता है गुजर जाएगा।

मांगी हुई किताब

मांगी हुई किताब के
मुड़े हुए पन्ने खोला नहीं करते।
किसी की रुकी हुई कहानी से
खुद को जोड़ा नहीं करते।

तोहमतें हैं तो उछाली ही जाएँगी,
धब्बों के नीचे के किस्से बिना पढ़े
छोड़ा नहीं करते।

सो गया है कोई शायर शायद आधी किताब में,
शायरों के गम में आईने खोजा नहीं करते।

वहाँ वक़्त की गांठें लगा के कहानियाँ लिखी नहीं जातीं
यहाँ खोल के गांठें कहानियाँ तोड़ा नहीं करते।

अधूरी होती हैं कहानियाँ महज़ लगती नहीं,
अधूरी समझ के कहानियों में
पन्ने जोड़ा नहीं करते।

क्यों पढ़नी हैं कहानियाँ रातों को जाग कर
सपनों को सुना कहानियाँ
यहाँ सोया नहीं करते।

कल ज़िंदगी गई

छपा था ये अखबार में
कल ज़िंदगी गई
न ज़िंदगी रही न उसकी आदतें रहीं,
कुछ निशान हैं इस खबर पर
कुल्हड़ों से छलकी चाय के,
कुछ दाग हैं बचे हुए
समोसों के तेल के,
सूख गए हैं निशान
नमी दागों की गई,
खबर हुई पुरानी,
मगर जुबान पे स्वाद बन के जैसे ठहरी रही।
न ज़िंदगी रही न उसकी आदतें रहीं।

टूटी हुई घड़ी में है
वक़्त कबसे ठहरा हुआ,
चाभी भरने वाली उंगलियाँ अब,
किसी और की हुईं,
न ज़िंदगी रही न उसकी आदतें रहीं।

आते हुए कदमों के निशान
जो सजते थे ड्योढ़ी पे,
उनपे से ही जाते हुए
कदमों की परछाइयाँ गईं।
न ज़िंदगी रही न उसकी आदतें रहीं।

उम्र के साथ माना की
धुंधला जाती है पहचान भी,
झुर्रियों में मगर आज भी
कुछ खुशबुएँ रहीं।
न ज़िंदगी रही न उसकी आदतें रहीं।

छिपा लाये थे वक़्त के एल्बम से कुछ
तस्वीरें अपने साथ,
आँखों के साथ साथ वो मिट्टी हो गईं।
न ज़िंदगी रही न उसकी आदतें रहीं

गंगा की मौज पे बस कुछ रौशनियाँ सदियों
तक बहती रहीं।
शायद कभी छपी थी कोई खबर
कल ज़िंदगी गई।

आख़री सफ़र

कुछ वक्त जलता रहा,
कुछ शामें सुलगती रहीं।
रिश्तों की कढ़ाई में
देर तक उम्मीद की कलछी बजती रही।

शाम ने बोए थे कुछ बीज
रात की चारपाई पे,
काटी दिन ने फिर फसलें,
रिवाजों की दुहाई पर।

परोस दिया कलछी ने उम्मीद का कतरा कतरा
दस्तरखान बिछा साथ शहनाई के।
वक़्त धीरे धीरे जलता रहा,
जिस्म कोयले सा सुलगता रहा।

रिश्तों की कढ़ाई काली होती रही
दूर कहीं सफेद कफन में लिपटा मन
अपने आखरी सफर की तैयारी करता रहा।

दिल का एक कतरा

देखना किसी तहाये हुए रुमाल की तह में,
मेरे दिल का एक कतरा आज भी छिपा होगा।
आज भी किसी शाम वक़्त अपने नाखून से
तुम्हारी पीठ पर मेरा नाम लिखता होगा।
कब मांगी थी मेरे जिस्म ने
तुमसे पूरी रात सपनों की,
चादर की सिलवट में कोई सपना आज भी
खुद को लिखता होगा।

चलो छोड़ो
क्यों बांधना एक तन्हा वक़्त
अपनी उम्मीद के रुमाल में।
सुना है दिल की लकड़ियाँ भी नमी से
सील जाती हैं।
एक अधखुला फाटक,
जाने किस दस्तक की उम्मीद में
जंग खा कर पत्थर हो गया है,
यादों की उंगलियाँ आज भी
उसपर सितार सी मचलती हैं।

थक कर अब जो कभी
तुम रुमाल से अपनी पेशानी के पसीने को पोंछना,
देखना मेरे दिल का कोई कतरा
तुम्हारे माथे की लकीर में तो नहीं धंसा है।
ये जरूरी तो नहीं

धो कर सूखा देने से हर धूल झड़ जाए,
सुना है कुछ दाग
धागे के सूत को भी रंग जाते हैं।

एक कतरा ही तो है
भूल भी जाऊँ दिल के उस कतरे को,
सुना है
किसी एक ईंट के चटकने से,
पूरी दीवार बिखर जाती है।

कुछ ख़त फाड़ देते हैं

चलो, कुछ ख़त फाड़ देते हैं,
सहेजे थे जो कुछ उम्मीदों के लम्हे,
उन्हें बुहार देते हैं।

कुछ पल जो ठहर के यहाँ,
यादों की लकीरों से लिपटे सोते हैं,
उनके घरोंदों को चलो फिर
उजाड़ देते हैं।

ना तेरा था ना मेरा था,
वो एक अजनबी सा लम्हा था,
रिश्तों के पिंजरे से चलो
इसे अब निजात देते हैं।

सहेजे थे किताबों में
जो कुछ अल्फ़ाज़ बोले बिन,
गंगा की लहरों में
उसे एक आवाज़ देते हैं।

कुछ ये जिस्म झूठा था,
गलती कुछ दिल से भी हुई,
बहुत ठहरे अदालतों में,
अब खुद ही अपनी दस्तकें
हम बांट लेते हैं,

रुको जो तुम अब कहीं
आइने से मेरा पता ना पूछना,
यहाँ आइने आँखों में छिपे
एक बाल को भी भांप लेते हैं।

चलो
कुछ ख़त फाड़ देते हैं।

ये रिश्ते

बंद फोन पे कॉल की उम्मीद रखते हैं
ये रिश्ते भी हमसे जाने कैसी प्रीत रखते हैं।

दूर जाते जाते भी दूरियाँ कम हुई जाती हैं,
हम कहाँ रिश्तों में सड़कों की भीड़ रखते हैं।

बात छोटी सी थी आँखों से बह गई होगी
लोग जाने क्यूँ संभाल रुमालों मे काजल की लकीर रखते हैं।

एहसास हैं कुछ जो शायद ठहर गए हैं
कहाँ जानते थे कि जिस्म में हम भी एक बीज रखते हैं।

गूंजती आवाज़ों की एक आंधी यहाँ है,
और हम सन्नाटे से भी जुबां की उम्मीद रखते हैं।

कह दो उनसे जो इंतज़ार करते हैं यहाँ,
लौटती सुइयों पे यहाँ लोग नई तारीख गिनते हैं।

देखना वो जो थक के यहाँ बैठे हैं,
मरम्मत मंहगी है कबाड़ी भी यहाँ नई चीज रखते हैं।

ज़िंदगी, सिगरेट और ऐशट्रे

ज़िंदगी और ऐशट्रे के बीच
सुलगता मैं,
सिगरेट का एक बट,
बचे हुए कुछ कशों को धुआं धुआं होता
जाने कब से देख रहा हूँ।
कुछ कश वक़्त के
धुआं धुआं हो कर गुजर गए।
कुछ राख होकर
इकट्ठा हो रहे हैं ऐशट्रे में,
राख जो सिर्फ धूल है,
बिना किसी रंग की धूल,
जो बस जब तक ऐशट्रे में है,
या तो चमकती रहती है
या कालिख का निशान बन जाती है।
धुआं या राख होने से पहले
इस वक़्त का एक जिस्म था
जो धीरे धीरे सुलगता रहा और
रह गया सिर्फ ये बट
अपने धुएँ और राख के साथ।
ऐशट्रे चुपचाप,
बस घूमती रहती है
यहाँ से वहाँ, इस कमरे से उस टेबल और फिर वापस
अपने अंदर जाने कितने
जले अधजले या जलने से पहले ही बुझा दिए
सिगरेट और बट सम्हाले हुए
जिन्हें सम्हाला हुआ है उसने

अच्छी और बुरी याद की तरह
गुजरे हुए वक़्त की कुछ यादें,
जिनकी महक या तो होंटों पे खेलने लगती है
या आँख से नम होकर गालों पर
फिसल जाती हैं।
और फिर एक दिन भरी हुई
ऐशट्रे
पलट जाती है
और कहानियाँ बदल जाती हैं।

बेख्याली में

बेख्याली में ज़ेहन से,
कुछ लम्हे टपके और डायरी के किसी कागज़ पर
बेचैन शब्दों की तरह भटकने लगे।
कलम ने बड़े एतिहात से उन्हें
स्याही में पिरोया और एक कागज़ पर सुखा दिया।
जाने कब तक नज़्म का सिरहाना बना,
ये लम्हे खामोश बैठे रहे।
फिर एक दिन शायद गलती से
उंगलियाँ एल्बम की जगह डायरी पर चलने लगीं,
और लम्हे नज़्मों की गलियों में,
कुछ फटे हुए दिनों के टुकड़े जोड़ने लगे।
काश
उस डाकिए का कोई पता मिल जाता
तो भेज पाता यादों का ये लिफ़ाफ़ा,
तुम्हें वहाँ
जहाँ तुमने नेम प्लेट पर आज भी
इंतज़ार लिख रखा है।

कुछ दर्द छान लेते हैं

चलो आज मिल कर, कुछ दर्द छान लेते हैं।
ये जो टूट के बिखरे हैं, उन रिश्तों कि वजह जान लेते हैं।

ये जो गलियों से निकल कर, सड़क हो गए थे।
चौराहे पर इन रिश्तों से, एक पल की ही सही
लाल बत्ती की भीख मांग लेते हैं।

बात कुछ भी नहीं थी, मगर एक कहानी बन गई,
चलो बातों बातों में इस बात को टाल देते हैं।

वो जो बस ठहरा था बीता कहाँ था,
वक़्त की उस बर्फ को चलो आज,
अपनी हथेली कि गर्माहट देते हैं।

जाने कबसे कुछ करवटें पीठ दिए, जो सोई हुई हैं,
चलो गलतफहमी की उस चादर को एक बार झाड़ देते हैं।

मेरे मैं से जो पूछते आए हो तुम, उसके होने की वजह,
चलो कुछ पलों को ये मैं का मुखौटा उतार देते हैं,

ऐसे ना सही वैसे ही गुजर जाती ज़िंदगी,
एक बार चलो कशमकश की हवाओं के बिना सांस लेते हैं।

जरूरी तो नहीं हर बात के लिए कोई बात की जाए
एक बार ही सही इस बात को टाल देते हैं।

उम्मीदों में भटक रही ये कोई ज़िंदगी तो नहीं,
चलो इसकी बैसाखियाँ एक बार हवाओं में उछाल देते हैं।
चलो आज मिल कर, कुछ दर्द छान लेते हैं।

रात भर

रात भर,
करवटें सिसकती रही,
यादों की कुछ सिलवटें शायद
उन्हें रात भर चुभती रहीं।
कुछ यादें जो झाड़ कर डाल दी थीं फर्श पर,
करवटों के पांव में देर तक चुभती रहीं।
जाने कब करवटें,
पलंग से उतरीं और किसी किताब के पन्नों में,
जा कर सो गईं।
पांव में धंसे कंकड़ों ने
बुक मार्क की शक्ल ले ली।
और कागज़ पर किसी सूखे फूल का
या एक पानी की बूँद का निशान बन गया।
घड़ी की सुइयाँ आगे बढीं,
किताब के पन्ने पलटते चले गए
और घबरा के करवटें
पास रखी ऐशट्रे पर जा बैठी,
चमकती हुई ऐशट्रे के किसी अंदरूनी कोने में,
अभी भी,
किसी बुझी हुई सिगरेट की राख चिपकी हुई थी।
करवटों ने उसका,
तकिया बनाया और आँखें मूंद ली।
रात के सन्नाटे में
कुछ आवाजें झिंगुरों की तरह बजने लगीं,
और करवटें फिर बैचैन हो कर

हर कोने हर कमरे में भटकने लगीं।
अलमारी की एक ड्रॉअर में सम्हाली
एक फाइल से
दो सिग्नेचर बाहर आए
और करवटों के कंधे पर हाथ रख कर बोले
प्लीज व्हाट्सअप करो ना,
क्या गलतियों के साथ ज़िंदगी नहीं जी जा सकती।
कागजों पर तोड़े हुए रिश्ते सच में
बहुत चुभते हैं।
करवटे मुड़ीं और बोलीं
इन श्याहियों के दाग कहाँ जाते हैं
रिश्ते दिल जीते हैं
और दिमाग उन्हें कागज़ पर निशान कर जाते हैं।

क्या तुम्हें भी सन्नाटे बुलाते हैं

सुनो, क्या तुम्हें भी सन्नाटे बुलाते हैं,
जैसे पिंजरे में बंद,
कबूतर अपने पर फड़फड़ाते हैं,

यादों की धूल आँखों में ना पड़ जाए,
इस डर से,
घर के अंदर भी हम काले चश्मे लगाते हैं

छुपा के रख दी हैं, इस डर से,
कुछ पीली पड़ी किताबें अपनी
अलमारी की दराजों में,
पुरानी जन्मपत्रियों में मिले गुण,
उनमें आज भी मिल जाते हैं।

देखने लगते हैं,
कई बार बेसब्री से दरवाजे कि
झिरियों को हम,
शायद कुछ ख़त बिना डाकिए के भी आते हैं।

सोचते रहते हैं,
चादर पे पड़ी झीरियों को देख के हम,
सुबह एक झटके में जाने कितने रिश्ते
मिट जाते हैं।

कुछ आदतों से,
डरने लगे हैं हम इस कदर,
जब देखो आदतन वो ही आदतों में
चले आते हैं।

यादों का नाखून अभी अभी तो
काट के फेंका था,
वक़्त की तरह बेवजह ये फिर से
उग आते हैं।

वो जो इंतज़ार किया करती थी,
रोज चौराहे पर हमारा,
क्या आज भी उसकी किताबों में
बेहूदे आशिकों के ख़त
मिल जाते हैं,

वो जिनमें
धूप भी नहीं छाँव भी नहीं होती थी,
दिन में आज भी क्या
ऐसे लम्हे पाए जाते हैं।

वो जो
चाहत भी नहीं, आशिक़ी भी नहीं
हुए करती थी।
स्कूलों में क्या आज भी
ऐसी यारियो के किस्से
पढ़े और पढ़ाए जाते हैं।

जाने कब से तस्वीर हुआ
याद की एक कील पर लटक रहा हूँ मैं,
क्या अब भी मेरे हाथ
तेरी आँखों को पोंछ जाते हैं।

सुनो
क्या तुम्हें भी सन्नाटे बुलाते हैं।

एक उदास सा लम्हा

कल एक उदास सा लम्हा मेरे काँधे
आ के बैठ गया
जैसे किसी काग़ा ने
एक याद के आने की
आवाज़ लगाई हो
और एक स्याह फटा बादल
जाने कब मेरी चाय को
नमकीन बना गया
बहुत कहता हूँ मैं
अब
किसी भी आहट पे
किवाड़ खोलने में
ये काँधे बहुत दुखते हैं
मगर फिर भी
याद के काँधे की गठरी के गंदे कपड़े
मुझे धुले ही अच्छे लगते हैं।

एक सांवली सी लड़की

कल,
रात भर,
एक सांवली सी लड़की,
अपनी गोद में,
मेरा सिर रख कर बैठी रही।
रात भर उसकी लंबी उंगलियाँ
मेरे मटमैले बालों में मचलती रहीं,
और अपने पैने नाखूनों से,
ज़ेहन पर यादों की गलियाँ खरोचती रही।
कुछ खरोंचे उतर आई तकिए पर,
कुछ पलट गई सपनों में नींद बन के।
धीरे धीरे,
उसकी उंगली के पोरों से,
हकीकत की स्याही टपकी
और रात गुजर गई।
उस सांवली सी लड़की की
गोद, एक सुबह,
एक जंग बन गई।
एक सांवली सी लड़की,
गर्म धूप के साए में
पूरे दिन कभी मेरे आगे, कभी पीछे
और कभी पैरों से लिपट
परछाई की तरह मेरे साथ भटकती रही,
और शाम उतरते उतरते आंगन में पड़ी
खुरहरी खाट पर पसर गई।

एक सांवली सी लड़की,
जानता हूँ जिस दिन मैं रुका,
ये मुझे छोड़ जाएगी,
और किसी और जिस्म की
किसी और उम्र में फिर मिलने आएगी।
सब कहते हैं
बहुत बेवफा है वो
सांवली सी लड़की।
मगर मैं जानता हूँ मेरे हर जिस्म की
हर उम्र में,
वो सांवली सी लड़की
ज़िंदगी बन मुझसे वफा निभाएगी।
और
कल रात की तरह
जाने कितनी यादें खरोंचती जाएगी।
कल
रात भर...

ऐ ज़िंदगी

ऐ ज़िंदगी
तेरी साँसों में
उलझे उलझे से कुछ सवाल हैं
कुछ जवाब हैं।

हर दिन पास से गुज़र जाती है
तू
कुछ यूँ
जैसे शाम की कटोरी में
चिल्लारों के कुछ ख़्वाब हैं।

रेत पे बनाए थे
खवाबों के
कुछ महल हमने
जिसकी खिड़कियों से
गुज़रे
हवाओं के कुछ पाँव हैं।

किस किस से मिले
किस किस से बिछड़े
शायद अब याद नहीं
बस आती जाती
साँसों पे
पाँव के कुछ निशान हैं।

सोचता हूँ
बैठूँ, कुछ देर तो तेरे
साथ रहूँ
चिथड़ा चिथड़ा तेरे दामन की
किसी रफूगर से बात करूँ
मगर,
वक़्त से पहले ही
तू गुज़र जाती है
मेरी आँखों में
फैले तेरे पाँव के
बस
दो निशान हैं।

ऐ ज़िंदगी
तेरी साँसों में
उलझे उलझे से कुछ सवाल हैं
कुछ जवाब हैं

अपनी ट्रेन का टिकट

अभी कुछ घंटों पहले,
ट्रेन के आने का अनाउंसमेंट सुन कर,
मैंने अपने समान को झुक कर
हाथ ही लगाया था।
और इस शहर की किताब के,
आखरी पन्ने को बगैर बुकमार्क लगाए
बंद किया था।
कि अचानक फोन की स्क्रीन पर
फ्लैश होते तुम्हारे नाम को देख कर,
कुछ ऐसा लगा
जैसे तुम्हारी यादों से भरे घर को,
छोड़ने से पहले
मैं खाली तो कर आया था,
मगर गलती से
चाभी शायद मेरे साथ आ गई थी।
दिल्ली एयरपोर्ट पर मेरा चंद घंटों का
वेटिंग है
बगैर आगे कुछ सुने
मैं पहुँचता हूँ बोल कर मैंने फोन काट दिया था।
मेरे जाने और तुम्हारे आने के बीच का ये वक्त,
मैंने ola में किस तरह बिताया,
मुझे याद नहीं,
मुझे सिर्फ और सिर्फ इतना याद है,
कि पिछली बार जब तुम मुझे
छोड़ कर जा रही थीं,

ये वक्त तब भी ऐसे ही
बर्फ की तरह बूँद बूँद पिघला था।
इससे पहले की मैं सहेज पाता
वो कुछ,
जो मैं अपने पुराने घर में छोड़ आया था,
तुम्हारी अगली फ्लाइट के अनाउंसमेंट ने,
मुझे याद दिलाया
वापस एयरपोर्ट से स्टेशन के रास्ते में,
हमारा वो घर पड़ेगा,
जहाँ शायद मुझे अब कुछ और यादें,
दीवार पर सजानी हैं।
इस बार पक्के से
मैं तुम्हारा नंबर ब्लॉक कर दूँगा,
सिर्फ इसलिए कि
तुम्हारे आने और जाने के बीच के वक्त में,
मैं हमेशा अपनी ट्रेन का टिकट पर लिखा वक्त,
भूल जाता हूँ।

तुम

वक्त के कुछ पीले पड़े लिफाफों में,
यादों की कुछ तहरीरें,
आज फिर बाहर आने को,
छटपटाने लगी हैं।
सोचता हूँ अबकी बारिश में,
इन्हें कागज़ की नाव बना कर बहा ही दूँ।
दिल की अलमारी भी अब अक्सर,
अपनी ही चाभी से खुलती नहीं है,
आँखों में बैठी चुड़ैल भी
अब इन यादों पे झपटती नहीं है।
जानता हूँ बड़ी शिद्दत से हमने
ये कुछ तस्वीरें बनाई थीं,
कुछ तुम्हारी हँसी ने,
थोड़ी मेरी उदासी ने,
कुछ तुम्हारे उलझे हुए बालों ने,
कुछ मेरी इंतज़ार में बुझती हुई सिगरेट ने,
मिल कर शायद ये कुछ
तस्वीरें रंगी थीं,
मगर अब जब वक्त की आँखों में
उम्र का मोतियाबिंद उतर आया है,
सोचता हूँ इन सब यादों को खुद से
दूर बेहद दूर कर दूँ,
तुम्हीं तो कहा करती थीं,
आखरी वक्त साथ बचे कुछ निशान,
अगली उम्र में बहुत,
भटकाते हैं।
सच कहूँ,
तो शायद अब मैं भी नहीं चाहता,
कि तुम मुझे पाने की ख्वाहिश में,
खुद को बार बार खोती रहो।

हाँ मैं किन्नर हूँ

हाँ,
तुम माँ हो मेरी
मगर मैं तुम्हें माँ कह नहीं सकता।
ये अधिकार मुझको
तुम्हारे समाज ने दिया ही नहीं था,
ये तो क्या,
कोई भी रिश्ता मैंने
एक लम्हे को भी जीया ही कहाँ था।
तुम्हारे पेट पर पड़ी इन लकीरों में
क्या कोई भी लकीर
मेरे जन्म की नहीं थी।
या फिर तुमने मेरे जन्म की
प्रवस पीड़ा सही ही नहीं थी।
माँ
तुम माँ तो सिर्फ अपने
बेटे या बेटी से ही कहलाई थीं
मेरे जन्म ने तो शायद
तुम्हारे मातृत्व पर कालिख
ही लगाई थी।
कितना अजीब न्याय था ये
अगर ये गलती थी
तो किसी और की थी,
मगर सजा मैंने पाई थी।
माँ, तुम भी तो एक पल को
मेरा हाल पूछने नहीं आई थीं।

मुझे याद तो नहीं
उन नौ महीनों के तुम्हारे स्पर्श की
तुम्हें तो पता भी नहीं
कितनी रातें मैंने भूख से
बिलबिलाते हुए बिताई थीं।
तुमने तो मेरी भूख
अपनी छातियों में ही सुखा दी थी
मेरी भूख ने मगर मुझे
कितनी अंधेरी, काली गलियों
की राह दिखा दी थी।
माँ,
सच बताना,
क्या तुमने भी यही सोचा था,
तुम्हारे बेटे और बेटी की तरह
मैं कभी तुम्हारे काम नहीं आऊँगा,
कभी तुम्हारे बुढ़ापे का
सहारा बन तेरा साथ नहीं दे पाऊँगा।
आज भी तुम
मुझे सड़कों पर देख कर,
या तो अपना मुँह
फेर लेती हो,
या फिर मेरी झोली में,
कुछ रुपए उछाल देती हो।
और मैं तुम्हारी गाड़ी के बंद शीशे पर
उंगलियाँ फेरते हुए सोचता हूँ,
क्या माँ का स्पर्श
इतना शुष्क और संवेदनहीन होता है।
फिर हरी बत्ती होते ही,

तुम्हारी गाड़ी आगे बढ़ जाती है
और मैं
इंतज़ार करता हूँ अगली गाड़ी का
की शायद
तुम मुझे पहचान
उसमें से उतर कर दौड़ती हुई
आओगी और शायद इस बार मुझे
अपने गले लगाओगी।
मगर ये सड़के सिर्फ आगे ही
बढ़ती जाती हैं
पीछे पलटती नहीं,
इसीलिए हम जैसे को
कभी भी कोई माँ मिलती नहीं।
और
हम किन्नरों की तो
माँ ही नहीं होती।

शून्य

उस शून्य पर खड़ा हूँ
आज
जहाँ पाने, खोने का भ्रम
मिट सा गया है।
गांठ खुल चुकी है सारी,
बस
एक सांस का रिश्ता
बाकी रह गया है।
मैं,
जो मुस्कुरा के किया करता था
मोहब्बतों की बातें,
खो चुके हैं हर रिश्ते अपनी पहचान,
मैं बस
मोहब्बत का चोला रह गया हूँ।
दिन और रात
सिर्फ भ्रम हैं दृष्टि के,
समझा हूँ शायद
इसीलिए
अब महज एक लम्हा रह गया हूँ,
अब तुम्हारी
आदतों से भी निकल जाऊँ मैं,
इसी एक बात पर
बस अटका रह गया हूँ।

शब्द और काग़ज़

गए दिनों,
शब्दों और कागजों में,
कुछ कहासुनी हो गई।
शब्द मुँह फूला कर उठे
और दिल की गुल्लक में जा छिपे।
जिल्दें उदास सी ड्राइंग रूम में पड़ीं
पुरानी अलमारी में बंद हो गईं।
सुना है,
गई रात गुल्लक में
छटपटाते शब्द देर तक,
कागजों को आवाज लगाते रहे
जिल्दों की दुहाई देते रहे।
जिल्दों ने अपनी हल्की सी धूल हटा कर झांका और बोलीं
मगर कागजों को तो वक्त की दीमक चाट गई।
आज सुबह से रिश्तों की जिल्दों पर,
कुछ शब्द उदास से टहल रहे हैं।

तुम्हारी वो क़मीज़

लकड़ी की अलमारी में,
मेरी साड़ियों के बीच टंगी
तुम्हारी वो एक पीली बासी कमीज,
आज भी मेरी साड़ियों के पल्ले को
सहला जाती है।
सच है,
कागज़ पर रिश्ते सिर्फ इंसान ही
तोड़ता है।

अमृता और इमरोज

काश,
काश की मैं वो सफहा (पन्ना) होता,
जिसपर अमृता तुम ने,
इमरोज को 'मैं फिर आऊँगी'
का वादा लिखा होता।
काश कि मैं वो बादवान (कैनवास) होता
जिसपर इमरोज तुमने,
महज कुछ रंगों से,
पूरी की पूरी अमृता को रंगा होता।
मगर कहाँ
कलम और रंग समझ पाएँ हैं
मोहब्बत और इबादत को,
यहाँ तो सबने मुझपर
बस खुद को लिखा है।
भर चुका हूँ मैं,
स्याहियों और दस्तकाहों से,
उम्र पीली पड़ गई है मेरी,
सिर्फ इस इंतज़ार में,
कि मेरी रूह को
एक पल को ही सही
कभी कोई अमृता या इमरोज
दागदार कर जाएगा।
इश्क़ की शायद कोई मंजिल नहीं होती है

रिश्ते

वो बारिश के पानी में
काग़ज़ की नाव से रिश्ते
अब जाने कहाँ खो गए हैं
किसी कॉफ़ी शाप या हैपनिंग जोईंट की
मेज़ पर पसरे
सिर्फ़ कुछ घंटों के हो गए हैं।
झाँकते थे जो पानी की बूँदों की तरह
खिड़की के शीशे से अंदर
दिल के भीतर तक
वो बस कुछ घंटों की
डेट हो गए हैं।

वो जो घंटों
दर्द की बूँदों को काग़ज़ पे
सुखाया करते थे।
फिर उन्हें सहेज कर दिलों के
ऐल्बम पर चिपकाया करते थे।
आज वो प्लीज़ टेक केअर
के तीन स्टिकर हो गए हैं।

एक दूसरे की जेब से
चवन्नी, अठन्नी निकाल जो
पार्टी मनाया करते थे
कम पड़ने पर
माँ के पल्लू में लगी गाँठ खोल

थोड़े चुराया करते थे।
वो आज ओहदों के जवाबदार हो गए हैं

क़ट्टी होने पे जो
लँगड़ी फाँसा गिराया करते थे
चोट लग जाए तो
सब भूल, फूँक मार मरहम लगाया करते थे।
आज गलतफ़हमियों पे महज़
ब्लाकिंग हुआ करती है
फ़ेस बुक और व्हाट्सअप पे अब
किसे चोट लगती है
किसे मरहम की ज़रूरत पड़ती है।

अब वो संतरे की फाँक के कंपट सी
दोस्तियाँ कहाँ होती हैं
अब तो थाली में रखी कटोरियाँ गिन के
लोगों से बात होती है।
गले लगते ही जो दिल की धड़कने गिन लेते थे
बिना आँसुओं के भी
दर्द के फंदे गिन लेते थे।
अब तो सब ऑनलाइन के
एक क्लिक सा हो गया है
बहुत आप्शन हैं, महँगा सस्ता सब हो गया है।
किसके पास वक़्त है
पुरानी दुकानों पे वक़्त जाया करने का
अब तो ऑनलाइन रिश्तों के
बहुत आप्शन हो गए हैं।

छोटे थे तो कुछ कच्चे कुछ पक्के दोस्त हुआ करते थे
बाक़ी सब साथ में बस पढ़ा करते थे
अब तो हर कोई दोस्त हो गया है
उसके ओहदे से उसका रिश्ता
कच्चा पक्का हो गया है।
वो काग़ज़ की नाव जल्द ही गल जाती थी
नाली की नदी
कुछ घंटों में उतर जाती थी
मगर वो कहकहे अब भी याद आते हैं
गीली क़मीज़ और नेकर में
एक दूसरे का हाथ थामे
माओं से मार खाते
फिर दूसरी शैतानी में लग जाते थे।
बहुत सस्ते थे वो रिश्ते
मगर दिल की गुल्लक में बस जाते थे
अब तो काग़ज़ के नोटों से रिश्ते
एक हाथ से दूसरे हाथ
पल में चले जाते हैं।

कुछ निशान थे
पुराने काग़ज़ पर
जो शायद आज रद्दी हो गए हैं।
रिश्ते आज सिर्फ़
सर नेम बदलने के इस्तिहार से हो गए हैं।

मुझे कुछ व्यतीत करना है

मुझे कुछ व्यतीत करना है
वो जो तप कर जल गया है धूप में
चटकी हुई काली लकड़ी की तरह
जिसकी नमी भाप हो गयी है सारी की सारी
मुझे कुछ व्यतीत करना है
वो जो शाम की ठंडक की तरह मुझे
मुझे मेरी शुष्कता का एहसास कराता है
एक कुदाल जो मेरे बाँझपन को
और बाँझ बनाती है
मुझे कुछ व्यतीत करना है
एक कौआ
जो सूखी टहनी पर कांव कांव करता है
अपनी चोंच घिस घिस के तेज करता है
फिर छोटे छोटे कीड़े चुनता है
मुझे कुछ व्यतीत करना है
वो जिसे मैं खुद में तुझ में
उलट चुका हूँ
एक चिपचिपाहट
जो बहुत कसैली है
मुझे कुछ व्यतीत करना है
प्रिय, क्या तुम देह के परे मेरे साथ चलोगे
जहाँ सब शेष तो होगा
मात्र देह का अवशेष होगा
प्रकृति यही सब जिए जाएगी
मगर हमें समय से नहीं बाँध पाएगी
बोलो प्रिय
क्या तुम देह के परे मेरे साथ चलोगे?

बिरयानी

गई रात
ज़ेहन की देगची में,
रिश्तों की खुशनुमा बिरियानी पकती रही।
एक पल उम्मीद की लौ
जरा तेज क्या हुई
देगची के जिस्म से लगी बिरियानी
काली हो गई।
लौ तो अपने वक्त से बुझ भी गई
बस
रिश्तों की काली हुई
वो खुशबूदार बिरियानी
लोग कहते
कूड़ा हो गई।
कल रात...

मैं, अतीत और वर्तमान

एक रूहानी रात, अपनी रूह के तख्त पर
जाने कितने लम्हों के सूत से कशीदा किए,
दस्तरखान पर
मैं,
तुम मेरे अतीत,
और
तुम मेरे वर्तमान,
बैठ कर घूँट घूँट जाम के साथ,
एक दूसरे को साथ साथ जोड़ रहे थे।
कितनी अजीब बात है,
उस,
एक घूँट के साथ साथ,
मैं अपने जिस्म को दो अलग अलग
शक्सों के साथ जी रही थी।

जिस्म वही था
रूह भी वही थी,
जज्बात तो जैसे कोरे थे,
मजबूरी थी,
इस जिस्म में उस औरत की,
जो अपनी दो इबादतों के बीच
पर्दा डालने को मजबूर थी।

दलान के बाहर,
भीड़ का एक हुजूम था।

रिवायतों की नज्मों और रस्मों के गीतों
का शोर करते हुए।
और
यहाँ भीतर मैं,
सहमी हुई,
अपने पाकीजा रिश्तों को एक साथ जी रही थी।
और हम तीनों के दिल के सकोरों से
छलक कर कोई भी
रंज,
दस्तरखान पर दाग नहीं छोड़ रहा था।

हर घूँट के साथ साथ
तुम दोनों
लम्हा लम्हा मेरे करीब आते जा रहे थे
और जाम खत्म होते होते
मुझमें समा कर
मैं हो गए थे।
यही वो वक्त था जब
मेरी उम्र ने,
अपनी आखरी हिचकी ली थी
और सिर्फ और सिर्फ
मेरे दिल पर
दो तस्वीरें एक हो चुकी थीं।
उस पल
बाहर भीड़ ने मेरा नाम
शायद किसी
नाली में थूका था।

तो चलूँ

अबकी बिखरा,
तो शायद कुछ किताबों में मिलूँ,
कुछ दवातों में,
कुछ टूटी हुई निबों के निशानों में मिलूँ,
मत खोजना मुझे,
ए दोस्त,
जिस्म के बुक मार्क में,
अधूरी कहानियों को सुला दूँ
तो चलूँ।
हारा हूँ उम्मीद की चौपड़ पर
दोस्ती को मैं,
शर्मसार अपना चेहरा
मुस्कुराहटों में छुपा लूँ,
तो चलूँ।
ख्वाहिश थी,
आवाज दे कर कोई रोक लेगा मगर,
खामोशियों के इस ताबूत को,
कुछ अल्फाजों से सजा दूँ,
तो चलूँ।
अब लौट के किसी उम्र में
किसी रिश्ते को
दुबारा छलने नहीं आऊँगा,
किसी को बस इतनी
उम्मीद बंधा दूँ
तो चलूँ।

जिस्म को आदत पड़ी हुई है
जिस्मों से रिश्ते
निभाने की,
रूह के आगे से
जिस्म के ये पर्दे गिरा दूँ
तो चलूँ।
थक गया हूँ बहुत
साथ निभाते निभाते,
अब तो अकेली कोई राह मिले
तो चलूँ,
बस चलूँ,
बस चलूँ,
बगैर किसी उम्मीद के
एक नई उम्र की
पगडंडी पर
बस अकेला
तो चलूँ।

अधूरी कहानी

अभी अभी वक्त को दवात में डाला है,
कुछ लम्हे हैं जिन्हें नींद आने लगी है,
बिछाई है कागजों की चादर शाम से ही,
कौन है,
जिसकी बेइंतहा याद आने लगी है,
टूटी हुई कलम ले हाथ में सोचा करते थे,
खत्म हुई
जो,
वो अधूरी कहानी फिर सताने लगी है,
अफसाने पूरे न हों तो,
शायद वक्त भी ठहर जाता है,
हर किताब के आखरी पन्ने पर
जनाब
उसकी कीमत जरूर लिखी जाती है।

एक कहानी

लिख कर भेज थे
वक्त के कुछ निशान तुम्हें,
तुमने ही याद बना कर
उन्हें,
एक कहानी लिख डाली।
जैसे चाहा खत्म की
ये कहानी तुमने,
फिर क्यों तुम्हारी कलम में
स्याही अभी बाकी है।
कुछ कतरे है
चंद नामों, चंद रिश्तों के,
जिन्हें अक्सर तुम,
बुक मार्क बना लेते हो,
और मजबूर करते हो
मुझे वो पन्ने
वापस पलटने को।
सुनो,
कोई भी कहानी वापस
लिखी नहीं जाती,
और सूखी हुई
स्याही
से
वापस नई कहानी लिखी नहीं जाती।

तुम्हारी कमीज

आज भी उस एक कमरे में,
खूंटी पर टंगी तुम्हारी कमीज
हवा के झोंके से हिल जाती है।
और मैं आज भी वहीं
पलंग के पैताने पर बैठ इंतज़ार करने लगती हूँ
तुम्हारे साथ शाम की एक प्याली चाय का।
मगर अब न तो बाथरूम का दरवाजा ही खुलता है
और न ही अंदर से नल बहने की आवाज आती है।

तुम्हारी इस हिलती हुई कमीज का अक्स,
सामने की दीवार पर लगी तुम्हारी तस्वीर पर पड़ता है,
लगता है जैसे तुमने मुझे आवाज दे कर बुलाया है,
और मैं हड़बड़ा कर टटोलती हूँ तुम्हारी कमीज
कहीं गलती से कोई बटन टूटा तो नहीं रह गया।

सुनो वो जो कोने में, रोशनदान के नीचे
गौरैया के टूटे हुए घोंसले के तिनके पड़े हैं,
इन्हें हवाओं ने बिखेरा है।
तुम्हारी तरह मैं भी अब इन घोंसलों को नहीं हटाती हूँ,
और तुम्हारे इस घर की हर खिड़की, हर रोशनदान पर,
कोई न कोई नई ज़िंदगी उगती है
और फिर अपने पँख फैला उड़ जाती है।
और हवा कई बार खाली घोंसला बिखेर देती है।

तुम्हारी तस्वीर, तुम्हारी कमीज, आशियाने के तिनके
सब जस के तस पड़े हैं,
चाय के कप में भी वक्त की मलाई जम गई है।
खिड़की के चटके हुए शीशे से कतरा कतरा चांदनी
मेरे पांव पर गिर रही है।
देखो मैंने आज भी अपने पांव में आलता लगाया हुआ है।

सुनो

सुनो,
सोते हुए तुम्हारी हथेली में,
अपनी हथेली छोड़ कर मैं जा रही हूँ।
देह की उष्मताओं से परे,
संबंधों की इस कड़ी को,
तुम्हारी हथेली पर छोड़ कर जा रही हूँ।
कहाँ माँग रही हूँ तुमसे विदा,
अभी पूर्ण ही कहाँ हुआ है,
सफर तो अभी बाकी है।
सिर्फ मर्यादित संबंधों से परे,
फिर एक बार उन्मुक्त तुम्हें जीने आ रही हूँ।
हाँ,
बस रिश्तों की इस मौली को
तुम्हारी हथेली पर छोड़ कर जा रही हूँ।
मुझे ज्ञात है,
उम्र के किसी भी पड़ाव पर,
तुम मुझे पूर्णता से कहाँ जी पाए हो।
अपनी देह की हर एक सीढ़ी पर,
मेरे अतृप्त मन का एक न एक टुकड़ा छोड़ आए हो।
इस एक एक टुकड़े को बटोर,
देह और संबंधों से परे,
दाह देने जा रही हूँ।
सुनो,
सोते हुए तुम्हारी हथेली में,
अपनी हथेली छोड़ कर मैं जा रही हूँ।

उम्र के साथ साथ जो आज तक
तुम्हारी हथेली संग जिया,
वो वास्तव में सत्य था ही कहाँ,
कागज़ पर खींची चंद लकीरें,
मान-कलंक के रटे हुए कुछ पाठ,
संबंधों के रफ़ू किए हुए कुछ दाग,
सब यहीं इस हथेली पर छोड़ कर जा रही हूँ।
बस,
इस बार तुमको, तुम से पृथक,
जीने आ रही हूँ।

किस किस से कहें

किस किस से कहें, किस किस को सुनाएँ,
महफ़िल को आदत है कहने सुनने और भूल जाने की।

आदत होती है कुछ खतों को भी,
इंतज़ार की घड़ियों में बैरंग लौट आने की।

कुछ बारिशों में बह गए, कुछ लिखने से रह गए
पते तो वही रहे, नामों को आदतें रहीं बदल जाने की।

बात न तुम्हारी थी, न कभी हमने अपनी कही,
सर्दियों में बातें मिली ज़माने को सुनने सुनाने की।

लौट जाते अगर लौट सकते आज भी,
मगर आदत रही उन्हें घड़ियों से वादे निभाने की।

उम्र बीत चुकी है अब हमसे न पूछिये,
कब सीखेंगे हम मोहब्बत में रिश्ते निभाने की।

किस किस से कहें, किस किस को सुनाएँ,
महफ़िल को आदत है कहने सुनने और भूल जाने की।

हमारी रूह से

हमारी रूह से जब जब मिलने आया कीजिए,
इन फूलों की जगह कुछ मुस्कुराहटें लाया कीजिए।

मोहब्बतों में जरूरी तो नहीं हर कदम साथ उठे,
छोड़िये ये तोहमतें जरा यूँ भी कभी बतियाया कीजिए।

भूल जाते हैं जो ये रोज़ आप अपनी सुबह की दवा,
हमारी कब्र के पत्थर पर उसका वक़्त भी खुदवाया कीजिए।

माना की मसरूफ है जमाना, यादों में साथ नहीं है,
आज भी उसी जोश से दावतों में उसे बुलाया कीजिए।

ये जो आदत है रोज अखबार में सिर दे के बैठे रहने की आपकी,
इसे कायम रहने दें, बेवजह तस्वीर को न साफ करने न आया कीजिए।

जमाना कहता है मातम में आँसू बहाए जाते हैं,
आप तो हमारे मातम में हमारे साथ ठहाके लगाया कीजिए।

कितना कुछ छोड़ आये हैं हम आपके दिल लगाने को,
यूँ बारिशों में खामखां चश्मा न लगाया कीजिए।

कब से खामोश वक़्त देखिए तकिये से सटा बैठा है,
छोड़िये यादों को जरा इसको भी सीने से लगाया कीजिए।

मगरूर हैं हम,आप खुद को क्यों सज़ा देते हैं,
आप तो फिर भी छू लेते हैं तस्वीर हमारी,
हमारी सजा पे भी कभी गौर फरमाया कीजिए।

हमसफर थे

हमसफर थे,
हो गए जाने कब सफर
संग चलते चलते।
जाने कब गुजरा हम,
रह गया महज़ सफर तन्हा आगे चलते चलते।
एक बादल ने बरस कर
उनको रोका भी मगर,
आँधियों ने वक़्त की याद बना दिया
उन बादलों को तेज उड़ते उड़ते।
अब जो उखड़ी हैं सांसें,
तो नज़र आने लगा है
सड़कों को भी खंडहर बना दिया
हमने तन्हा चलते चलते।
पीठ पर वक्त की,
जाने कितनी बातों की काई जमी है,
संभालते संभालते जिसको
झिड़क दिए कई लम्हे जो जो ठहरे थे पीछे
कुछ पल को दस्तक देते देते।
जानते थे यही अंजाम होता है वादों का,
बांध कर पोटली दूसरे के वादे की,
अपने वादे भूल आये
किसे और के आले में हम जाने कब लिखते लिखते।
हर सफर का गर यही अंजाम होना है,
क्यों अकेले लोग चल निकलते हैं
यहाँ हमसफर बनके।

यारियाँ

मुझसे इतनी यारियाँ न बढ़ा ज़िंदगी,
संग मेरे इतना न खिलखिला ज़िंदगी।

सर्दियों का सर्द दिन, तेरी कोसी धूप में गुजर जाएगा,
रातों को कौन यहाँ गरमाएगा ज़िंदगी।

तेरा तार्रुफ़ सबसे मैं मुस्कुरा के करता हूँ,
मेरे ज़ख्मों पर न उंगलियाँ चला ज़िंदगी।

बात करते करते तुझसे जो कभी ठहर जाऊँ मैं,
कुछ देर यादों और मेरे बीच न आ ज़िंदगी।

हरकतें इश्क़ की तूने ही सिखलाई थीं,
अब दर्द के तारों पे कोई ग़ज़ल गुनगुना ज़िंदगी।

मेरी चौखट पे ख़त जाने कितने पड़े,
थक गया हूँ अब ख़त और न उठा ज़िंदगी।

मेरी सांसों से है वक़्त अब उतरने लगा,
अपनी कलाई की घड़ी की अब उम्र न बढ़ा ज़िंदगी।

वो जो खफा है मेरे गुजरने पर जरूर आएगा,
उम्मीदों की सुइयाँ आँखों में अब और न धंसा ज़िंदगी।

मुझसे इतनी यारियाँ न बढ़ा ज़िंदगी,
संग मेरे इतना न खिलखिला ज़िंदगी।

प्लेट और पत्थर

प्लेट और पत्थर
असंभव लगता है दोनों पर एक साथ कविता लिखना।
एक का अस्तित्व,
खाली रह कर भी,
बार बार किसी और के लिए भरते जाना।
दूसरे का अस्तित्व
अपने प्रहार से सब खंडित करते जाना।
जीवन वास्तव में और कुछ नहीं
बस एक प्लेट और पत्थर है
बिना कुछ समेटे बांटते जाना,
या फिर,
शब्दों से हर रिश्ते को तोड़ते जाना।
दोनों का अस्तित्व शून्य है,
न आरम्भ न अंत
मगर सार
देते जाना या बिखेरते जाना।
कितना आसान है
प्लेट और पत्थर पर
एक कविता लिख पाना।

कुछ ख़्वाहिशों के पँख नहीं होते

कुछ ख़्वाहिशों के पँख नहीं होते
सुना है
इन्हें जन्मने वाली कोखों की
चौखट पे लगे पाँव के निशानों के
नाम नहीं होते।
अजीब है ये जिस्म
मासूम है ये ख़्वाहिशें
कौन कहता है धंसी हुई
कील के निशान नहीं रहते।
गुनाह ना जिस्म का
ना ख़्वाहिशों का क़सूर है।
फिर क्यूँ ए खुदा
हर कोख अपने घर के बाहर
किसी और के नाम की
नेम प्लेट लगाने को मजबूर है।
जब हर एक निवाला
बस भूख मिटाता है
खाने वाला बस तश्तरी सरका कर चला जाता है
रसोई सदा बावर्ची की होती है
कब किस कौर पर खाने वाले
का नाम लिखा जाता है।
हर सुलगती हुई अंगीठी से यहाँ
ख़्वाहिशों का काला धुआँ उठता है
हर बार यहाँ
शरीर आँटे सा गुँधता है

और फूली हुई रोटी का किसी एक मकान नम्बर
का बिल बनता है।
रह जाती हैं
बस छत पर, खिड़की के शीशे से लिपटी
काले धुएँ सी कुछ ख़्वाहिशें
और बाहर आँगन की धूप
कुछ और उजली हो जाती है।

फासले

साथ चलते चलते जाने कब,
दरमियान फासले आ गए।
कुछ तुम कुछ हम लड़खड़ा गए,
मंजिलें तो एक थीं,
जाने कैसे सपने चटकने लगे,
वक़्त की किर्चों से भरे रास्ते,
हमें हमारी असलियत बता गए।
जीना तुमने भी था
जीना हमने भी था,
ज़िंदगी भर कोई साथ नहीं देता
बस ये गुनगुनाते गुनगुनाते हम इसे ज़िंदगी बना गए।

नाम तो याद रहा कागजों में मगर,
उस शक्स की मौजूदगी जाने कब हम झुठला गए।
माना की तंग राह थी मगर,
मंजिलों की खाव्हिशों में हम,
साथ को छोड़ अकेले ही कदम बढ़ा गए।

वो जो कहते थे,
भूलने वाले को दोजख में भी जगह ना मिले
आज वो अलग अपनी अपनी जन्नत अलग अलग बसा गए।
गलती किसी की नहीं
बात बस इतनी सी है, वो सब महज बातें ही थीं,
जिन्हें ज़िंदगी समझ हम यहाँ तक आ गए।

कुछ दिनों पहले

कुछ दिनों पहले,
बातों की कुछ लफ़्ज़ों से तकरार हो गई,
कुछ दरवाजे जोर से भेड़े गए,
कुछ बर्तनों के लुढ़कने की आवाज़ हुई,
कुछ शामों और रातों के बीच लकीर खींची गई,
और कुछ
रिश्ते कागज़ की तरह मरोड़ कर डस्टबिन की नजर हुए,
आज उदास सी बातें
मुंडेर पर बैठी सोच रही हैं,
जरूरी तो नहीं हर अल्फ़ाज़ का मतलब वहीं हो,
जो बातों में कहा जाए।
डस्टबिन से शायद कुछ सड़े हुए फूलों की बास आने लगी है।

मफ़लर

गई रात देर तक,
आंगन में मैंने और तुमने,
जाने कितनी उलझी हुई बातों,
गांठ लगे रिश्तों, टूटे हुए वादों को,
हल्के हाथों से जमीन पर फैलाया और एक गोला बना लिया।
सुनो हो सके तो इसका एक
मफलर बिन देना,
यादों के दिनों में बड़ा सुकून देगा।

कीलें

कितनी बदनसीब हैं ये कीलें,
या तो दर्द देती हैं,
या फिर दर्द की तस्वीर का बोझ उठाए रहती हैं।
ठोंकते रहते हैं हम उन्हें बार बार,
ख्यालों की हथौड़ी से,
जब तक धंस ना जाए वो बहुत अंदर तक
उम्र की दीवार पर,
बहुत शौक है हमे अपने दर्द की
नुमाइश का,
जहाँ देखो दर्द की कुछ तस्वीरें टंगी हैं।

दोस्ती

बहुत याद आती है,
दिल के घड़े में जब जब झाँकता हूँ मैं,
बूँद बूँद कर रिस गई
वो जो थी मेरी
दोस्ती।
भाप भाप उड़ गई
वो जो थी मेरी
दोस्ती।
भूल गया हूँ अब तो शायद मैं नाम भी,
दिल के खाली घड़े में मगर,
आज भी गूँजते नामों में,
बावरी सी डोलती है मेरी
दोस्ती।
जानते थे जो कभी,
हमें एक ही नाम से,
भूलने लगे हैं वही अब हमारे साथ को,
यादों के कंकर कंकर डाल
दिल के खाली घड़े से देखो,
अब भी एक लम्हा साथ निकालने में जुटी है मेरी
दोस्ती।
रिश्तों के नाम पे जाने कितने
इन्विटेशन आते हैं आज भी,
समझता नहीं मगर कोई इसे,
इसीलिए दिल के खाली घड़े में,
शरारती बच्चों सा डोलती है मेरी

दोस्ती।
बदन भी होती है,
रूह भी होती है,
साथ भी होती है दूर भी होती है,
मगर कोई नाम नहीं होती है,
इसीलिए दिल के खाली घड़े में,
कोई नेमप्लेट नहीं खींचती है मेरी
दोस्ती।
टूटता है जब खाली घड़ा,
एक बूँद सी उछल के दोस्त के हाथ पे जा गिरती है,
लोग कहते हैं
आँसू है वो,
इंतज़ार करुँगी वहाँ जहाँ और कुछ नहीं होता,
जहाँ हवाओं में भी बहती फिरती है
दोस्ती।

तस्वीर

गुज़री हुई ट्रेन
खाली पड़ा स्टेशन
टूटे हुए कुल्हड़
सने फैले पत्तों के दोने
थकी बैठी भिखारिन
फेंके हुए खाने पर लड़ते कुत्ते
शिथिल चाल से चलती घड़ी की सुइयाँ
कितना सजीव चित्रण किया है चित्रकार ने
यही होता है, यही कहा जाता है
ज़िदगी जब दीवार पे टंग जाए तो।

क्या था वो

क्या था वो
जो अभी अभी लिख कर मिटाया है
एक शब्द, एक वाक्य, एक संबोधन
या एक जीवन
शायद एक रिश्ता
जिन्हें हम महज इन सीमाओं में जीते आए हैं
और उम्र की परिपक्वताओं की बातें करते आए हैं
उम्र
जो ना कभी बढ़ी
ना कभी घटी है
बस हम महज चाँद से इसकी तुलना करते आए हैं
और ऊन के सिरे की तरह
हर रिश्ते के सिरे को पकड़
उसी की परिक्रमाएँ कर
उसे अंत तक ले आए हैं
अपने अपने सपने
अपनी अपनी बातें
फिर क्यूँ
दूसरे की किताब को
हम अपने जवाबों की क़लम से रंगते आए हैं
और हर रिश्ते को
शुरूआत से पहले ही
उसके हिस्से की मर्यादाओं में में बाँधते आए हैं।

मेरे इस शहर में

मेरे इस शहर में,
बातों का कोई जिस्म नहीं होता,
और वादे बगैर उम्र के जीते रहते हैं।

मेरे इस शहर में,
आदतन गले लगे दुश्मन की भी,
पीठ पर खंजर घुपते हैं।

मेरे इस शहर में
दोस्त,
बासी अख़बार की रद्दी,
के भाव बिकते हैं।

मेरे इस शहर में,
ज़िंदगी बहुत तेज भागती है,
और चौराहे पर बैठे भिखमंगो की तरफ,
रिश्तों की रेज़गारी उछालती है।

मेरे इस शहर में,
ज़िन्दगी भी जीने के लिए,
उम्मीदों का एक बटन दबा,
वोट डालती हैं,
और फिर अगली उम्मीद की ख्वाहिश में
इस उम्मीद को संभालती है।

बहुत अजीब है
मेरा ये शहर,
इसका कोई नाम नहीं है,
मगर
हर कामयाबी इसकी सीढ़ियाँ चढ़ के गुजरती है।
और हर नाकामयाबी
एक उम्र दराज रण्डी कि तरह
इसके दरवाज़े की सलाख तकती है।

मेरे इस शहर से देखो
कुछ ले कर मत जाना,
नफरतों की फसल हर शहर में,
सुना है जल्द ही उगती है।

क्या तुम्हें मैं अब भी याद आती हूँ

क्या तुम्हें मैं,
अब भी याद आती हूँ।
या फिर उन कागजों को तुमने
एक खाली फाइल में पंच कर किसी ड्रॉअर में रख दिया है।
तुम्हें शायद याद होगा,
उस वकील और उस जज का नाम,
तुम्हारे रिटर्न्स में,
उनके नाम की कुछ रसीदें लगी होंगी,

बगैर धड़कन की वो जिरह बहस
जिसने और भी उलझा दिया उस कुछको,
जिसे बस एक निब से ख़त्म लिख दिया,
एक तीसरे शख्स ने,
तुम्हें शायद याद होगा हर उलझन का
सिर्फ और सिर्फ एक हस्ताक्षर से सुलझ जाना।

बहुत बधाइयाँ मिली होंगी
तुम्हें एक जंजाल से आजाद होने पर,
पर चादर पर पड़ी सिलवटें
रात भर तुम्हें बहुत परेशान करती होंगी।
पूरे वॉर्डरोब में टंगे तुम बहुत आजाद होगे
हैंगर से नीचे गिरी कमीजों पर
मगर दुबारा टंगने की उम्मीद के निशान होंगे।

मगर मैं

अब तुम्हें याद नहीं करती,
शायद मैं अब तुम्हें जीने लगी हूँ,
जाने कितने टुकड़े है मेरे बैग में,
तुम्हारी बची हुई सिगरेट के,
जिन्हें मैं कश कश पीने लगी हूँ,
हाँ,
मगर अब मैं किसी के हाथों से सिगरेट
छीन कर फेंकती नहीं हूं।
पर
क्या तुम्हें मैं अब भी याद आती हूँ।

देखो मैं आज भी खुश हूँ
पार्टी करती हूँ, ज़िंदगी जीती हूँ।
किसी ना किसी के साथ बिस्तर भी बांट लेती हूँ,
तुम मगर अब भीड़ में
इतने अकेले क्यूँ नजर आते हो।

देखो,
अगर कभी मैं तुम्हें रास्ते में अकेली दिख जाऊँ,
तो बेझिझक मुझे लिफ्ट दे देना,
अब तो तुम समझ ही गए होंगे,
चुके हुए रिश्ते ले कर चलने की
मुझे आदत नहीं है।

पर,
क्या मैं तुम्हें अब भी याद आती हूँ।

इस देह के परे

इस देह के परे,
बस एक बार मुझे जान लेना।
मिलूँ जो दूर कहीं मैं,
तुम्हें,
बगैर देह के,
तो पहचान लेना।
ये तरलता जो तुम्हारी देह,
मेरी देह में,
हुए बार छोड़ देती है।
बगैर देह के एक बार,
इस तरलता को बांट लेना।

एक शून्य में जो खोजते रहते हो तुम,
इस कुछ को बगैर परिधि के,
अपने भीतर उतार लेना,
इस देह के परे
मुझे पहचान लेना।

दोस्ती

दोस्ती,
एक कमजोर पँखों वाली
चिड़िया है,
जो कभी भी उड़ कर दूर नहीं जाती है,
आस पास ही कहीं फुदकती रहती है,
बस कभी कभी कांधे पर बैठ,
दिल के थाल से दर्द के दाने चुग लेती है।
कमजोर पँखों वाली ये
चिड़िया,
तिनका तिनका यादें जोड़ती है,
लम्हा लम्हा साथ मिलाती है,
मगर रिश्तों किताब पर कभी,
अपना हक नहीं जमाती है,
बस धीरे धीरे ज़िंदगी की किताब के,
हर पन्ने के कोने चुग जाती है।
कमजोर पँखों वाली ये,
चिड़िया,
नर या मादा नहीं होती,
इसकी कोख कोई रिश्ता नहीं जनती,
फिर भी हर खूबसूरत रिश्ते में,
इसके पँखों की फरफराहट सुनाई देती है,
कितना भी करीब क्यूँ न आ जाए,
ये पत्थरों के घर में,
उम्मीदों का कोई अंडा नहीं देती है।
कमजोर पँखों वाली ये,

चिड़िया

कई बार मुंडेर पर बैठी बैठी धूप में
तप जाती है,
मगर कूलर, पंखे से ठंडे हुए कमरे में
कभी भी नहीं जाती है,
क्यूँकि वहाँ बातों का एक पंखा चलता है,
जिसके खुद के पँख बंधे हुए होते हैं,
मगर उसने छोटी छोटी उड़ान वाली,
इस चिड़िया के पँख कतरने होते हैं।
धब्बा धब्बा दीवार पर फैली
चोंच खोल बची साँसों को खींचती,
पलटती हुई आँखों से बस यही बोलती,
अभी तक तुझसे बाहर बाहर ही मिलती थी,
घबरा मत अब तेरे भीतर मैं
याद का एक घोंसला बनाती हूँ।
कमजोर पँखों वाली सही,
तुझे उड़ने को अपने पँख दे जाती हूँ।
कमजोर पँखों वाली ये,
चिड़िया।

ख़्वाब

कहते हैं ख़्वाब बहुत याद आते हैं
उनसे बचने को जागा
मैं
लफ़्ज़ों के ख़्वाब
लिखने लगा हूँ
तुम
अब याद नहीं आते मुझे
कहते हैं
अब मेरी यादों का ख्वाबों से
दोस्ताना हो गया है
चंद
उंगलियाँ आज भी
उठती हैं मेरी तरफ
मेरी उँगलियों को
झुक कर लिखने की
आदत हो गयी है
मगर
पेशानी का पसीना तो आँचल से
पौंछ लेती हूँ
पीठ मेरी बस गीली रहती है
मगर
माना एक नाम हूँ मैं आज
मगर उस पार कुछ है
जो तुम्हारे बगैर
अब भी लिखा नहीं जाता।

तुम, लौट कर आना मत

तुम, लौट कर आना मत,
क्यूँकि तुमसे कुछ बात करनी है,
तुम्हारे पलट के लौट जाने की वजह
अभी उल्हानों की छन्नी में छननी है।
तुम लौट के आना मत
क्यूँकि तुमसे एक बात करनी है।
नफ़रत का बीज अभी कोख में है,
पनपा नहीं है,
पास याद की क्यारी में,
आज भी गुलाब की खुशबू बिखरी है,

तुम, लौट के आना मत,
क्यूँकि तुमसे कुछ बात करनी है।
तुम नहीं हो,
हर रात कुछ ख्वाबों को ले, सो तो जाती है,
लौट आए जो तुम तो,
कहीं फिर पलट ना जाओ,
इस डर से हर रात जागी है।
तुम, लौट के आना मत,
क्यूँकि तुमसे कुछ बात करनी है।
पीछे जो बंद हो गए दरवाजे,
वो खींचने से खुला नहीं करते,
और दुबारा दस्तक देने में तुम्हारी,
और सुनने की आस में हमारी,
रूह अब दिल पे भारी है।

तुम
लौट के आना मत
क्यूँकि तुमसे कुछ बात करनी है।

ज़िंदगी

कोरे पन्ने पर शुरू हुई,
शब्दों में उलझ कहानी हो गई ज़िंदगी।

खोजते खोजते खुद को,
एक बात के अनेक अर्थों
की डिक्शनरी हो गई ज़िंदगी।

कोई सवाल तो थी ही नहीं,
जाने क्यूँ लोग बूझते रहे
एक पहेली के नाम से
यूँ ही बदनाम हो गई ज़िंदगी।

कोई मिला ही कब था रूबरू इससे
यूँ ही इसके इश्क़ में
कहते हैं कि
एक दौड़ हो गई ज़िंदगी।

कहाँ से आयी, कहाँ चुक गई,
बस एक पड़ाव थी,
यूँ ही एक किस्सा बन गई ज़िंदगी।

चाहत

मैं जिस्म नहीं हूँ,
मैं जां भी नहीं हूँ,
मैं दिल भी नहीं,
मैं खुदा भी नहीं हूँ,
मैं लम्हा हूँ बस एक जो जीया था तुमने,
तुम्हारे जिस्म से बहे पसीने की
सांसों में मैं हूँ,
वो चादर की सिलवटों में लिपट के जो सोया,
वक़्त की दो सुइयों की एक लम्हे की
चाहत ही मैं हूँ।

पुराना रिश्ता

कल रात चाँद कतरा कतरा
ओस की बूँदों में बह गया
कुछ रिश्तों के जिस्म में
कहीं कुछ सूखी हुई लकीरे हैं।
आसमाँ में कहीं एक छेद है शायद
हर रात यादों की बूँदें खाली आँगन में आ गिरती हैं।
एक चारपाई दिनों से इस आस में सूख रही है
किसी दिन तो चाँद एक जिस्म बनकर
फिर एक पुराना रिश्ता जी लेगा।

थोड़ी सी जगह

ज़िंदगी,
बस मुझे थोड़ी सी जगह देना,
जिस बाज़ार बिक रहे हो लफ्ज़,
मेरा दाना पानी वहाँ से उठा लेना।
ज़िंदगी...

जरूर तो नहीं,
कब्रिस्तान में ही मेरी कब्र बने,
बेगैरतों की इस महफिल से बेहतर है,
मेरे जिस्म को चील कौवों को खिला देना
ज़िंदगी...

मुस्कुराता हूँ मैं,
मुझे मुस्कुराहटें अच्छी लगती हैं,
मुस्कुराते लोगों के बीच,
मुझे बेवजह कभी रुला देना,
ज़िंदगी...

मैंने कब कहा किसी से,
मेरे बन के रहो,
दूसरे की थालियों पे नजर कभी रहे,
इससे बेहतर है,
भूखा ही मुझे सुला देना,
ज़िंदगी...

देख औरों की तरह,
अब होने लगा हूँ में,
बेहतर हैं इस फसाने को अब मिटा देना,
ज़िंदगी...

कहकहे लगाते हैं,
मुझ पे लोग उन्हें लगाने दे,
दीवार पे लगी मेरी तस्वीर में भी,
उन्हें हँसने की वजह देना,
ज़िंदगी...

क्या जरूरी है,
मेरे साथ दौड़ने वाले ही
मेरा मातम करें,
उन्हें बस मेरे याद होने के बाद,
मेरी जगह देना,
ज़िंदगी...

बिकता है यहाँ सबकुछ,
सस्ते और महंगे दामों में,
ना बिक सकूँ मैं कभी,
मुझे एक फटा हुआ आंचल तुम
बना देना,
ज़िंदगी... बस मुझे थोड़ी सी जगह देना।

उम्र के निशान

इंद्रधनुषी रंगों से भरे,
बुलबुले से सपने,
रात की नाभि पर,
नींद भर लट्टूओं सा नाचते रहे।
सुबह की उंगली क्या लगी,
फूट कर अंधेरों में जा घुले।
दिन उड़ाता रहा शाम तलक
उम्मीद की पतंगें,
सपनों के इंद्रधनुषी माँजे शाम तलक
उंगलियाँ काटते रहे।
शाम... एक माँ की तरह
दिन को थपकियाँ दे कर सुलाती रही,
और रात उसकी कोख से
सपनों की नई पौध काटती रही,
ना कुछ हुआ, ना कुछ होना था,
ज़िन्दगी बस उम्र के,
निशान संभालती रही।

अक्सर

अक्सर,
कुछ बातें अधूरी रह जाती,
दौड़ते हुए दिन के एक पल के इंतज़ार में,
बीत जाती है रात,
थके हुए सपनों के पांव को सहलाने में,
अक्सर,
कुछ रिश्ते बैठे रह जाते हैं
अधूरे,
अपने घर की चौखट के बाहर,
एक नेमप्लेट के इंतज़ार में,
अक्सर होता है ऐसा,

अक्सर,
सूखी हुई कुछ कलियाँ,
पीली हुई कुछ पत्तियाँ,
देख कर हम गमले की पौध बदल देते हैं,
अक्सर,
किसी कोने में पड़ी कुछ नम जड़ें,
करहाती रहती हैं,
जरा सा रुकते तो
ये कोख अभी बाँझ नहीं हुई थी।
बदल जाते हैं कुछ रिश्ते पनपने से पहले,
अक्सर ऐसा होता है,

अक्सर,

कुछ सपनों को देखने की उम्मीद में,
हम अपने सिरहाने ऊँचे करते जाते हैं,
अक्सर,
कुछ सपने सिरहनों के बोझ से दब,
जाने कब मर जाते हैं।
कुछ सपने पनपते ही हैं,
दूसरे सपनों की कब्र पर,
अक्सर ऐसा होता है।

अक्सर,
लिपटी हुई कई बेलें,
सूख कर मर जाती हैं,
अक्सर,
हम उन्हें वार्निश कर,
वुड आर्ट के नाम से,
सजा देते हैं अपने ड्राइंग रूम में।
सूखे हुए कुछ रिश्ते जीते रहते हैं
एक मकान में, एकसाथ,
एक घर की उम्मीद में,
अक्सर ऐसा होता है।

कूड़ेदान

खुले हुए कूड़ेदान से उठती हुई बदबू
जैसे किसी ने पीली हुई किताब के पन्ने पलट दिए हों
गुजरा वक़्त लिहाफ़ नहीं
धूप दिखा के फिर ओढ़ लिया जाए
ये तो वो सूखे हुए बीज हैं
जिन्हें दफ़्न कर दो
तभी यादों के खुशनुमा फूल खिलते हैं।

कल

कलजो लौटा भी तो क्या पाएगा
आजकी तपिश में झुलस जाएगा
मैं जो कौन? हो गया था कभी
क्या कभी फिर मैं हो पाएगा
कल जो लौटा भी तो क्या पाएगा।

ज़िंदगी की किताब

ज़िंदगी तेरी किताबों के पन्ने महफूज़ रहे
लफ्ज़ धुंधले पड़ गये
मगर हम पढ़ने को मजबूर रहे
जिस जिस पन्ने को मोड़ के रखा हमने
वापस खोल के देखा आज
वही पन्ने चूर चूर रहे।

एक कौर इश्क़

शाम का एक कौर इश्क़
रोटी पर पड़ी कुछ काली चित्तियाँ
धौंके हुए चूल्हे की फैली हुई चिंगारी
चौके के बाहर खिंची हुई एक लकीर
आँटे सा गुँधता हुआ जिस्म
नमकीन मोयन की लोई सी कोख
खुदाया
काश की इन सबके साथ
तूने
कोयले सा सुलगता दिल ना दिया होता।

कुछ ख्वाहिशें

उम्र से कुछ ख्वाहिशें उदास बैठी हैं,
दिन तो बस गुजर गया
चलो रात को, सपनों में इन्हें बुलाते हैं,
दिन तो बिन पलकें झपकाए गुजर जाता है
उसका कोई भी सिरा इनकी पकड़ में नहीं आता है,
चलो रात में इनकी पतंगें उड़ाते हैं,
रहने दो दिन को
बस यूँ ही मायूस, बेबस
हम सपनों में ही
इनके साथ अब खिलखिलाते हैं
चलो उन ख्वाहिशों को बुन कर
अपना एक अलग आसमान सजाते हैं।

आदत

आज का एक पन्ना ख़ाली ही छोड़ दिया मैंने
मेरे बाद तुम्हें इसकी आदत डालनी होगी,
स्याही कम नहीं हुई है मेरी बातों की अभी,
बस मेरे बाद की ख़ामोशी की
अब तुम्हें आदत डालनी होगी,
बहुत दिनों से ख़ामोशी का एक पन्ना
तुम,
लिखते आए हो,
अब इस ख़ामोशी को पढ़ने की,
तुम्हें,
आदत डालनी होगी।
मेरे बाद कोई जो तुमसे
पूछे मेरा हाल,
पैरों के नीचे मसल कर हर बार वो
आख़िरी कश,
तुम्हें
मेरे ना हो के भी होने की अब
आदत डालनी होगी।

मेरे बग़ल से

मेरे बग़ल से,
एक क़लम उठा के,
पलट जाते तुम,
चंद मिनटों में उसे वापस
वहीं रख के,
हल्का सा ठिठक जाते तुम।
छोड़ जाते हो एहसासों की
एक पूरी किताब,
हर बार मेरे पास से गुज़र जाते
तुम
हर बार मेरे पास से,
मुझे अनदेखा कर,
कितना कुछ अनकहा कह जाते
तुम।

वक़्त

जाते जाते
कल,
यहीं थम गया था वक़्त।
पुकारना चाहता था तुम्हें,
मगर किस नाम से पुकारे,
इसी कश्मकश में,
कल यहाँ बिखर गया था वक़्त।
तुम बहुत आगे निकल गए थे शायद,
तेरे पीछे आने की चाहत में,
मेरे पाँव में
कल
धँस गया था वक़्त।

सिगरेट

सिगरेट के वो कश,
जो बाँटे थे हमने कभी आधे आधे,
वो पैरों के नीचे बुझाई कुछ,
कही अनकही बातें,
वो चटके हुए चाय के,
जूठे कप,
जो रखे थे हमने फ़्लाइओवर की उतरती हुई मुँडेर पर,
देखो वक़्त आ गया है वहाँ एक नई सड़क बनने का,
एक आख़री बार चलो मिलते हैं,
सिगरेट की उस दुकान पर
फिर अजनबी बन कर।

कुछ अधूरे प्रश्न

कई बार कुछ अधूरे प्रश्न,
अपना जवाब खोजने की कोशिश में,
समय से पहले ही बूढ़े हो जाते हैं।
यहाँ वहाँ घूमते रहते हैं वो,
बैसाखियों की तलाश में,
और फिर एक दिन ये प्रश्न,
एक भ्रम बन जाते हैं।

दिन आज कुछ ख़ाली ख़ाली सा है

दिन आज कुछ ख़ाली ख़ाली सा है,
जैसे ख़ाली लिफ़ाफ़े में उँगलियाँ,
किसी लापता ख़त को टटोल रही हों,
पता है,
जानता है दिल,
कहीं कोई ख़त नहीं है,
कोई एहसास नहीं है,
फिर क्यूँ बार बार आइने की तरफ़ उठी नज़रें,
अपने अक़्स पे पीछे किसी और के अक़्स को खोजती रहती हैं।
एक ज़िद तुम्हारी बिखरी हुई यहाँ वहाँ,
कभी पाँव में चुभती है, कभी आँख में किरकती है,
और कभी कभी उँगलियाँ के पोरों पर उगने लगती है।
मगर एक साँस है,
जो हर बार इस उम्मीद से वापस जाती है,
चलो अपने भीतर ही तुझसे मिल लेते हैं।
लोग अक्सर कहते हैं हम अपने आप में मुस्कुराते हैं।

मैं बस गुजर जाती हूँ

कल रात ज़िंदगी जब
मेरे पहलू में बैठी थी,
कुछ नाराज़गी से पूछा मैंने उससे
क्यूँ आख़िर क्यूँ मुझे इतना सताती है,
कहने को तू मेरी अपनी है,
फिर बेगानों सी क्यूँ हो जाती है,
मेरे काँधे पर टेक कर अपना सिर
बोली ज़िंदगी
एक तू ही तो यार है मेरा
संग जिसके कभी हँसती हूँ मैं
कभी उदास हो जाती हूँ,
एक तू ही तो है जिसके साथ मैं ख़ुद को जी पाती हूँ
वरना औरों की उम्रों में तो
मैं बस गुज़र जाती हूँ।

याद

ना प्रश्नों में, ना उत्तर में,
ना किताबों में, ना किसी पुराने लिफ़ाफ़े में,
खोजना अपनी हथेली में,
जिससे तुमने मेरी हथेली थामी थी,
वो एक गाँठ जो एक बेनाम रिश्ते की हमने कभी बांधी थी,
चलो आज इस गाँठ को खोल देते हैं,
मेरी डोर तुम रख लेना, तुम्हारी मैं सम्भाल लेता हूँ,
यही है जिसे हम याद कहते हैं।

लम्हा

जाने कब ज़िंदगी से
एक लम्हा चुराया और
क़मीज़ की जेब में डाल लिया,
एक उम्र तक वो लम्हा
दिल के साथ धड़कता रहा,
आज क़लम ने देखो
उस लम्हे को
याद
बना दिया है।

ज़िंदगी तेरे लबादे पर

ज़िंदगी तेरे लबादे पर
खुशियों के कुछ पैबंद हैं
जेब में
यादों की कुछ रेजगारी है
छाती पे
सांस के एक टूटा हुआ
बटन हैं
बस इतनी ही औकात है तेरी
ज़िंदगी
जैसी मिली, जहाँ मिली
ओढ़ लीजिये
तेरी मेरी का अदल बदल पाना
स्याह रातों में अँधेरे का भरम है।
ये जो तेरी उँगलियाँ
जेब में रेजगारी पे
बार बार मचलती रहती हैं
देखना सिलाई का कोई धागा
गलती से खिंच न जाए
आज कल
रिश्तों के फिक्स्ड डिपाजिट पर
यादों का ब्याज बहुत कम हैं
और तेरी छाती पे लगे
साँसों के टूटे बटन के धागों में
हसरतों का जोर बहुत कम है।

चिनाब

चलो चिनाब ओढ़ आते हैं
पके दिनों से कुछ
बातें तोड़ लाते हैं।
चलो चिनाब ओढ़ आते हैं...

सुखा कर यादों की मुँडेर पर
किताबों में कुछ रिश्ते छिपाते हैं।
चलो चिनाब ओढ़ आते हैं...

खिड़की के शीशे पे वो जो एक नाम
कितनी बार लिख के मिटारा था
एक बार उस शीशे के दिल का हाल
पूछ आते हैं।
चलो चिनाब ओढ़ आते हैं...

उम्र की गलियों में जाने कब से
एक ख़ानाबदोश भटकता फिरता है
जिस्म की थाली में
चलो उसे भूख परस आते हैं।
चलो चिनाब ओढ़ आते हैं...

अक्सर

करता है अक्सर वो बातें
काग़ज़ के रूमालों से
कुछ धब्बे हैं, कुछ निशाँ बूँदों के
जो अक्सर एक शक्ल ले लेते हैं।
सुना है वो शख़्स
हर रोज़ एक कहानी लिखता है।
गलियारों के क़ोनों से
पुरानी कुछ दराजों से
अक्सर सूखे कुछ रुक्के मिलते हैं
सुना है अक्सर रातों में
वो शख़्स बावला फिरता है।
सिरहाने पे अपने मुझको
अक्सर पानी की कुछ बूँदे मिलती हैं
कहते हैं लोग कई
वो शख़्स मेरे जैसा लगता है।
सिरहाने को अक्सर मैं
ख़ुद से लिपटा लेता हूँ
लगता है जैसे अंदर मेरे
दिल और कोई धड़कता है।

लिफ़ाफ़े काग़ज़ के

चन्द लिफ़ाफ़े काग़ज़ के,
कुछ तेल के दाग़,
बचे हुए कुछ को टटोलती उँगलियाँ,
अजीब है ये दिल
हर बार नए जज़्बात के साथ बिकता है
फिर
बारिश के पानी की नाव बन
बह निकलता है।

कुछ लम्हे

आज सुबह जाने क्यूँ
जेब से कुछ लम्हे निकाले
छांट कर
टुकड़े किए
पलंग के पास जमीं पर डाल दिये
पूरे दिन फटते हुये दूध की तरह
मन
फटफटाता रहा
क्या बुहार दिया होगा
कामवाली ने उन्हें
पड़े रहते जेब में तो क्या था
जेबें तो भरी रहने के लिये ही होती हैं।

घुन लगी अलमारियाँ

अक्सर ग़लतफ़हमियों की
घुन लगी अलमारियाँ
लोग कबाड़ में बेच देते हैं
ऑनलाइन आयी नयीं अलमारियाँ
एक कोने में लगी
माना की बेहद ख़ूबसूरत लगती हैं
मगर रातों को
कबाड़ी की गली से
घुन लगी उन अलमारियों
के चूलों के करहाने की आवाज़ें आती हैं।

बादल बुहार लाते हैं

चल कुछ बादल बुहार लाते हैं
सदियों से तेरी पलकों
के बीच जो थमे थे
उन्हें मिल कर आज रुलाते हैं।
चल कुछ बादल बुहार लाते हैं।
घुटनों में मुँह दिए
जाने कब से कुछ मुस्कुराहटें बैठी
वक़्त के पैरों को लपेटे
अंगूठे से फ़र्श पर कुछ यादों की लकीरें
बना रही हैं
चल इन यादों में कुछ शीरा मिला
पकाते हैं
चल कुछ बादल बुहार लाते हैं।
जाने कब से दिल के गोश्त के टुकड़े कर
वो इंतज़ार के कौवों को खिला रहा है
चल उस इंसान की मुँडेर पर
उम्मीद की एक देह रख आते हैं
चल कुछ बादल बुहार लाते हैं।

ग़ैर की रोटी

कुछ अल्फ़ाज़ मुँह फेरे फेरे सो गए
पलटी पीठों पे हवा रात भर
इंतज़ार लिखती रही।
जाने कब तक स्याही की बूँदें
सिरहाने के काग़ज़ों पे फैलती रहीं।
दहलीज़ पर कुछ पसीजे हुए क़दमों
के निशान थे।
सुना है
जिस्म ने दिन में कहीं
एक ग़ैर की रोटी खाई थी।

सलीब

ना मैं जिंदा में हूँ, ना मैं लाशों में हूँ
एक सलीब हूँ
लोगों के निशानों पे हूँ।
फूँकतें है मुझे लोग
बातों की फूँकनी से
ना मैं लकड़ी हूँ, ना कोयले की खदानों में हूँ
बस हवा हूँ
जलते जनाजों में हूँ।
चल लो दो क़दम साथ तुम भी
फिर आगे निकल जाओगे
मैं ना अव्वलों में हूँ ना शिकारों पे हूँ
ख़ानाबदोश हूँ
बस अपने इरादों पे हूँ।
याद रखना मत मुझे, कि मैं याद कैसे आऊँगा
ना नाम हूँ कोई, ना जिस्म के किसी खाने में हूँ
गुल्लक हूँ बस एक माटी की
जाने कब टूट जाऊँगा
फैली चिल्लर के बीच
टुकड़ा टुकड़ा फैली
माटी की साँसों में हूँ।

जाते हो तो जाओ

जाते हो तो जाओ
रोकेंगे ना तुम्हें
यादें कुछ हमारी संग तो ना ले जाओ।

क़मीज़ में तुम्हारी
ये जो पसीने कि महक है
छोड़ जाओ उसे कि
रात वो अब ख़त्म है।
जाते हो तो जाओ...

वो एक क़तरा वक़्त
जो तुम्हारी पीठ पे ख़ुरंट सा जमा है
उसे उधेड़ो मेरा ज़ख़्म मुझे दे जाओ।
जाते हो तो जाओ...

वो एक बार तुमने
जो मेरे बालों को उँगलियों से छुआ था
वो सूखे हुए गुलाब की
कुछ पंखुड़ियाँ तुम अपनी किताबों में
ले जाओ।
जाते हो तो जाओ...

वो एक रात हमने जो संग गुज़ारी थी
उस रात का जिस्म तुम ले जाओ
बस रूह मुझे दे जाओ
जाते हो तो जाओ...

ऐ ज़िंदगी

ऐ ज़िंदगी
तेरी साँसों में
उलझे उलझे से कुछ सवाल हैं
कुछ जवाब हैं
हर दिन पास से गुज़र जाती है
तू
कुछ यूँ
जैसे शाम की कटोरी में
चिल्लारों के कुछ ख़्वाब हैं।
ऐ ज़िंदगी...

रेत पे बनाए थे
खवाबों के
कुछ महल हमने
जिसकी खिड़कियों से
गुज़रे
हवाओं के कुछ पाँव हैं।
ऐ ज़िंदगी...

किस किस से मिले
किस किस से बिछड़े
शायद अब याद नहीं

बस आती जाती
साँसों पे

पाँव के कुछ निशान हैं
ऐ ज़िंदगी...

सोचता हूँ
बैठूँ, कुछ देर तो तेरे
साथ रहूँ
चिथड़ा चिथड़ा तेरे दामन की
किसी रफ़ूगर से बात करूँ
मगर
वक़्त से पहले ही
तू गुज़र जाती है
मेरी आँखों में
फैले तेरे पाँव के
बस
दो निशान हैं

ऐ ज़िंदगी
तेरी साँसों में
उलझे उलझे से कुछ सवाल हैं
कुछ जवाब हैं।

बह गया

मेरी फटी जेब से
वक़्त की सब रेजगारी छन गयी
कुछ काग़ज़ात थे रिश्तों के
बस बचे रह गये
घबरा के कुछ इस तरह जकड़ के रखा
मुट्ठी में उन्हें
जब खोल के देखा तो
नमी से
कुछ लुद्दी सा तो रहा
लिखा हुआ जो था
सब
बह गया।

एक कौर इश्क़

शाम का एक कौर इश्क़
रोटी पर पड़ी कुछ काली चित्तियाँ
धौंके हुए चूल्हे की फैली हुई चिंगारी
चौके के बाहर खिंची हुई एक लकीर
आँटे सा गुँधता हुआ जिस्म
नमकीन मोयन की लोई सी कोख
खुदाया
काश की इन सबके साथ
तूने
कोयले सा सुलगता दिल ना दिया होता।

प्रिय, तुम लौटना मत

तुम्हारे लौटने का इंतज़ार है
मगर
प्रिय, तुम लौटना मत
मेरे चेहरे पर वक़्त की कुछ
लकीरे खिंच आई हैं
तुम खामखाँ इसमें
अपने आप को समेट लोगे।
प्रिय, तुम लौटना मत
वो आखरी एक स्पर्श का सम्बोधन
आज, मूक हो चुका है
तुम हमारे स्नेह की वचालताएँ
इसमें बोने का प्रयोजन करोगे।
प्रिय तुम लौटना मत...

कहते हैं
पूर्णाहुति न हो
तो देव वापस नहीं जाते
और
मुझे तुम्हारे लौटने के
इंतज़ार को और जीना है।
प्रिय, तुम लौटना मत...

क्योंकि
साँसों का कुछ सामान अभी
मेरे पास बाकी है।
प्रिय, तुम लौटना मत...

दाल सा वक़्त

एक चूल्हे पर चढ़ी दाल सा वक़्त
जाने कब हाँडी से बाहर उबल आया
कहते हैं उस रात से
रसोई की चौखट को कुछ लम्हे लांघते नहीं।
चूल्हे की राख से
वो कुछ निशाँ माँज तो दिए हैं मगर
कहीं किसी कोने में एक जली हुई
सांस
आज भी महकती है।

सूफ़ी

1.
सारा जग ये हुआ सयाना
मैं ही एक बौराया।
सबको अपना बोल बोल के
कुनबा खूब बढ़ाया।

आधा खोया धन संग्रह में,
आधा मोह गंवाया।
अपने अंदर के उस खुद को
मैं स्वयं एक पल भी जी ना पाया।

कुछ कागजों पर नाम मेरा
कुछ दीवार सजी तस्वीरें मेरी,
सारी उम्र क्या इसी भय से
मैं खुल के जी न पाया।

उत्सव था ये कुछ पल का,
जिसको दौड़ बनाया।
दौड़ दौड़ कर जीवन भर,
उसी अंत को गले लगाया।

2.

नच्यो, नच्यो, नच्यो,
ये जग सब।
काहे को बैठ,
तू मनवा अकेला,
जोड़ जोड़ बातों की लीरें,
बुने खेस यादों की हर क्षण।

नच्यो, नच्यो, नच्यो,
ये जग सब।
दिन भी नाचे
नाचे रात भी,
शाम के जैसे क्यूँ गुजरे तू क्षण क्षण।

नच्यो, नच्यो, नच्यो...

रूप भी नाचे,
रंग भी नाचे,
नाचे जीवन का हर क्षण।
जीवन सारा नाच रहा है,
बस उम्र सा अकेला तू गुजरे हर क्षण।

नच्यो नच्यो, नच्यो...

ईंट भी नाचे
नाचे बजरी भी।
नाचे सारा घर आंगन,
तू बस द्वार पे लिखे नाम सा

कितना जड़ बैठा हर क्षण।
नच्यो, नच्यो, नच्यो...

हवा नाचती,
गंध नाचती,
नाचे सावन की रिमझिम।
चांद के संग नाचे चांदनी,
ओस की पायल बाजे छन छन।
एक बस तू ही कुढ़ कुढ़ खुद में,
उम्र गुजारे रोक के क्षण।

नच्यो नच्यो, नच्यो...

चांद देख चकोर नाचे,
पपीहा पीहू पीहू गावे मन।
तू तो बस पाए पीयू को,
खुद को उससे बांधे हर क्षण मध्यम मध्यम।

नच्यो नच्यो, नच्यो...

बहना नाचे,
नाचे अम्मा।
सखियाँ सहेलियाँ नाचे छन छन।
एक बस तू खुद में तप तप
कोयले जैसा सुलघे हर क्षण।

नच्यो नच्यो, नच्यो...

3.

बाबुल का घर
ही पीयू घर हैं,
ये जीवन बस एक सफर,
मनवा काहे तू उलझे जाय,
अखियन काजल मोह लगाए।
देह जले बस कथा रहे है
किसको कौन सुनाए
मनवा काहे तू उलझे जाय।
सांस डोर से बंधी पतंग ये,
जाने कट के किस छत जाए
काहे तू अपनी उंगली घाव लगाए
मनवा काहे तू उलझे जाय।
बाती ही जले, बाती ही बुझे है,
पीछे बस कुछ कालिख ही बचे है,
सच से क्यों घबराए,
मनवा काहे तू उलझे जाय।
नाव बनाई, नाव डुबाई,
एक बाबुल तो दूजा है भाई,
पीयू संग काहे तू लड़ने आए,
मनवा काहे तू उलझे जाय।
चंद ताबीज, कुछ तिलक लगा कर,
पीयू की बाट लगाए,
पीयू पीयू रटने से पीयू न पाए,
मनवा काहे तू उलझे जाय।

4.

ठगवा
ठग जा मुझे,
देह, उम्र सब यहीं गंवाई,
अब तो संग
ले जा मुझे,
ठगवा
ठग जा मुझे,
ये यौवन, ये चढ़ती जवानी
देह की देह से हर मनमानी,
सब ने ठगा
अब तो तू
ठग जा मुझे।
ठगवा
ठग जा मुझे,
ठग ठग सब ये उम्र गंवाई,
तुझसे मिलने की अब बारी आई
इन सब को अब की
ठग के तू,
संग अपने ले जा मुझे।
ठगवा
ठग जा मुझे,
मेंहदी ठगे
ठगे बिंदिया, ठगे है aपायल
अबकी रंग बिना रंगरेजवा
तू
रंग जा मुझे।
ठगवा
ठग जा मुझे,
मालिन, धोबन
बिरहिन, सौतन

इन सब संग अपनी जोगन
तू बना मुझे
ठगवा
ठग जा मुझे।
चंदन देह, चंदन पालकी
अब तो बस
महका मुझे
ठगवा
ठग जा मुझे।
मेरे मैं ने मुझको ठगा है,
इस मैं से परे
ले जा मुझे
ठगवा
ठग जा मुझे।
रैन रैन में रैन बिताई
अब जागन की बारी आई,
ठग के भोर कर जा मुझे,
ठगवा
ठग जा मुझे।
वो मेरे पीयू मैं उनकी दुल्हनिया
चोला सफेद अब उढ़ा मुझे,
ठगवा
ठग जा मुझे।
भर पिचकारी खेलूँ होरी
कौन रंगे मोहे, मैं पीयू रंग होली,
अपने चरणों की छाप
बना मुझे,
ठगवा
ठग जा मुझे।

5.

पीयू मत फूँको अब देह बांसुरिया,
अधर की लाली बना लो सांवरिया,
पीयू मत फूँको अब देह बांसुरिया,
पांच जोड़े जो बाबुल घर से लाई,
वो भी आज मैं तज के आई,
मुझको अपनी तान बना लो सांवरिया
पीयू मत फूँको अब देह बांसुरिया,
सुबह हुई थी अब सांझ भई है,
व्यर्थ में ये देह बड़ा थकी है,
अब तोड़ो ये घर द्वार सांवरिया,
पीयू मत फूँको अब देह बांसुरिया,
जोग भी मैं, जोगन भी मैं हूँ,
तुम हो मेरा रास सांवरिया,
पीयू मत फूँको अब देह बांसुरिया,
जल से भी मैं जल जल जाऊँ,
भर भर प्रेम की गगरी लाऊँ,
रहूं न अब कोई भाव सांवरिया
पीयू मत फूँको अब देह बांसुरिया।

6.

मेरी सांसों पर मत जाओ,
घुंघरू हैं ये बजते रहेंगे,
कौड़ी कौड़ी में बिकते रहेंगे,
तुम अपना साज बजाओ,
मेरी सांसों पर मत जाओ।
लाल अधर हैं, रक्तिम आभा,
सब कुछ है यहाँ एक दिखावा,
तुम अपना गीत सुनाओ,
मेरी सांसों पर मत जाओ।
देह बिकती है यहाँ मन बिकता है,
समय का एक एक पल बिकता है,
चौपड़ अब फिर न बिछाओ,
मेरी सांसों पर मत जाओ।
पहन के पायल नाची रात भर,
जो जागी तो खाली आंगन,
खोटी कमाई मुझसे अब न कराओ
मेरी सांसों पर न जाओ।

7.

छोड़ के घगरा छोड़ के चोली,
बिना देह मैं पिया संग होली,
सखा ले चल अब उसपार,
सखा संग ले चल तू उसपार।
छोड़ के बाबुल के सब जेवर,
पांच सांस छोड़ के पीहर,
ले चल तू ससुराल,
सखा संग ले चल तू उस पार।
मोल भाव मुझसे न होवे
बिना मोल के ले चल मोहे,
अब बैठूं न बाजार,
सखा संग ले चल अब ससुराल।
क्या खोया और क्या पाया,
क्या था वो जो मैंने कमाया,
गवाऊँ ना मेंहदी रचे बस हाथ,
सखा संग ले चल तू उस पार।
कब मैं जी थी जो आज मरूंगी,
स्वप्न था सब घर द्वार,
मुझे ले चल राह के पार,
सखा संग ले चल तू ससुराल।
क्या काबा क्या मथुरा काशी,
मैं तो कोई रीत न जानी,
बनकर प्रियतम आज
सखा संग ले चल तू ससुराल,
देह बिना मोहे
सखा संग ले चल तू उस पार।।

8.

खेलूँ पीयू संग होली
खेलें सखियाँ भर पिचकारी,
मैं तो छिछोरी रंग ही होली
खेलूँ पीयू संग होली,
सखियाँ रंगे सब देह रूप को,
मैं पीयू रंग का जल होली।
खेलूँ पीयू संग होली,
देह बावरी धर्म निगोड़ा,
मैंने हर पायल को तोड़ा,
बन पवन साथ मैं होली,
खेलूँ पीयू संग होली।
सब रंगे हैं घर चौबारा
मैं गीत प्रीत का होली
खेलूँ पीयू संग होली।

9.

पल पल हर एक पल,
बन के छलावा,
खुद ही को ही छलता है,
ये मन...
सत्य को मान के,
मात्र,
चक्षुओं का भरम
जाने कितने तस्वीरें रंग देता है
ये मन...
टूटे हुए किवाड़ों पे भी,
जाने क्यों,
जंग खाये ताले लगा देता है
ये मन
टूटे हुए रिश्तों को,
उछाल देता है कभी यूं ही अचानक,
किसी खुश्क, बंजर जमीन पर,
और फिर
यादों की फसल काट काट
एक दिन,
खुद को ही भूल जाता है
ये मन।

10.

ज़िंदगी,
महज सच हो जाए तो क्या फायदा,
झूठ किसकी कोख में
फिर पलेगा भला,
सफेद और काले को
भला कौन यहाँ छू पाया है,
रंग कोई भी हो,
दूसरे का छींटा उसमें पड़ेगा यहाँ।
वो जो जीते हैं यहाँ,
गीता पढ़के,
उनसे पूछो कोई सारथी कृष्ण मिलेगा यहाँ।
दाग़ हैं कितने अपनी गठरी खुद ही समेट लो,
कफ़न के सिवा सब कुछ
धुलेगा यहाँ।